Oded Shenkar

Copycats

Melhor que o original

Como as empresas inteligentes replicam e superam as melhores ideias

Editora Saraiva

Editora Saraiva

Rua Henrique Schaumann, 270
Pinheiros – São Paulo – SP – CEP: 05413-010
Fone PABX: (11) 3613-3000 • Fax: (11) 3611-3308
Televendas: (11) 3613-3344 • Fax vendas: (11) 3268-3268
Site: http://www.saraivauni.com.br

Filiais

AMAZONAS/RONDÔNIA/RORAIMA/ACRE
Rua Costa Azevedo, 56 – Centro
Fone/Fax: (92) 3633-4227 / 3633-4782 – Manaus

BAHIA/SERGIPE
Rua Agripino Dórea, 23 – Brotas
Fone: (71) 3381-5854 / 3381-5895 / 3381-0959 – Salvador

BAURU/SÃO PAULO (sala dos professores)
Rua Monsenhor Claro, 2-55/2-57 – Centro
Fone: (14) 3234-5643 – 3234-7401 – Bauru

CAMPINAS/SÃO PAULO (sala dos professores)
Rua Camargo Pimentel, 660 – Jd. Guanabara
Fone: (19) 3243-8004 / 3243-8259 – Campinas

CEARÁ/PIAUÍ/MARANHÃO
Av. Filomeno Gomes, 670 – Jacarecanga
Fone: (85) 3238-2323 / 3238-1331 – Fortaleza

DISTRITO FEDERAL
SIA/SUL Trecho 2, Lote 850 – Setor de Indústria e Abastecimento
Fone: (61) 3344-2920 / 3344-2951 / 3344-1709 – Brasília

GOIÁS/TOCANTINS
Av. Independência, 5330 – Setor Aeroporto
Fone: (62) 3225-2882 / 3212-2806 / 3224-3016 – Goiânia

MATO GROSSO DO SUL/MATO GROSSO
Rua 14 de Julho, 3148 – Centro
Fone: (67) 3382-3682 / 3382-0112 – Campo Grande

MINAS GERAIS
Rua Além Paraíba, 449 – Lagoinha
Fone: (31) 3429-8300 – Belo Horizonte

PARÁ/AMAPÁ
Travessa Apinagés, 186 – Batista Campos
Fone: (91) 3222-9034 / 3224-9038 / 3241-0499 – Belém

PARANÁ/SANTA CATARINA
Rua Conselheiro Laurindo, 2895 – Prado Velho
Fone: (41) 3332-4894 – Curitiba

PERNAMBUCO/ ALAGOAS/ PARAÍBA/ R. G. DO NORTE
Rua Corredor do Bispo, 185 – Boa Vista
Fone: (81) 3421-4246 / 3421-4510 – Recife

RIBEIRÃO PRETO/SÃO PAULO
Av. Francisco Junqueira, 1255 – Centro
Fone: (16) 3610-5843 / 3610-8284 – Ribeirão Preto

RIO DE JANEIRO/ESPÍRITO SANTO
Rua Visconde de Santa Isabel, 113 a 119 – Vila Isabel
Fone: (21) 2577-9494 / 2577-8867 / 2577-9565 – Rio de Janeiro

RIO GRANDE DO SUL
Av. A. J. Renner, 231 – Farrapos
Fone: (51) 3371- 4001 / 3371-1467 / 3371-1567 – Porto Alegre

SÃO JOSÉ DO RIO PRETO/SÃO PAULO (sala dos professores)
Av. Brig. Faria Lima, 6363 – Rio Preto Shopping Center – V. São José
Fone: (17) 3227-3819 / 3227-0982 / 3227-5249 – São José do Rio Preto

SÃO JOSÉ DOS CAMPOS/SÃO PAULO (sala dos professores)
Rua Santa Luzia, 106 – Jd. Santa Madalena
Fone: (12) 3921-0732 – São José dos Campos

SÃO PAULO
Av. Antártica, 92 – Barra Funda
Fone PABX: (11) 3613-3666 – São Paulo

302.545.001.001

ISBN 978-85-02-12629-9

CIP-BRASIL. CATALOGAÇÃO NA FONTE
SINDICATO NACIONAL DOS EDITORES DE LIVROS, RJ.

S552c

Shenkar, Oded

Copycats : melhor que o original : como as empresas inteligentes replicam e superam as melhores ideias / Oded Shenkar ; [tradução Silvio Floreal de Jesus Antunha]. - São Paulo : Saraiva, 2011.

208p. : 23 cm

Tradução de: Copycats : combining imitation and innovation to outsmart your competitors

ISBN 978-85-02-12629-9

1. Concorrência - Administração. 2. Imitação. 3. Difusão de inovações. 4. Produtos novos. 5. Planejamento estratégico. I. Título.

11-2692 CDD: 658.4063
CDU: 005.332.3

13.05.11 13.05.11 026354

Traduzido de Copycats, de Oded Shenkar
Tradução autorizada da edição original em inglês publicada nos Estados Unidos por Harvard Business Press.

Direção editorial	Flávia Alves Bravin
Coordenação editorial	Ana Paula Matos Gisele Folha Mós Juliana Rodrigues de Queiroz Rita de Cássia da Silva
Produção editorial	Daniela Nogueira Secondo Rosana Peroni Fazolari
Marketing editorial	Nathalia Setrini
Arte e produção	Crayon Editorial
Capa	Aero Comunicação
Produção gráfica	Liliane Cristina Gomes
Tradução	Silvio Floreal de Jesus Antunha
Impressão e acabamento	Yangraf Gráfica e Editora

Contato com o editorial
editorialuniversitario@editorasaraiva.com.br

SaraivaUni

Para Miriam, Keshet, Josh e Riki: inimitáveis.
inimitáveis

Agradecimentos

Agradecimentos

As raízes deste livro estão em um passado distante. Como todas as crianças, eu precisei utilizar a imitação para aprender a dominar e comunicar habilidades básicas e, mais tarde na vida, para adquirir normas e hábitos sociais. Quando adulto, aprendi da maneira mais difícil que quase sempre a imitação é bem recompensada. No início da minha carreira acadêmica, um antigo colega de classe se aproximou de mim em uma conferência para se informar sobre a pesquisa na qual eu estava trabalhando. Amavelmente, revelei a ideia e forneci o projeto da investigação e do desenvolvimento empírico, inclusive as fontes de dados. Não demorou muito para que eu visse uma cópia impressa dele, e que no fim formou a base da carreira acadêmica do colega em um centro de pesquisas de uma universidade muito conhecida. Como um promissor e sensato estudante, eu compartilhava do interesse pela inovação, a irmã mais respeitada da imitação, que parecia permear virtualmente todos os conceitos significativos em negócios. Somente quando combinei tal interesse com a fascinação de uma vida inteira pela China, um país que rapidamente estava se tornando a Meca da replicação, foi que percebi a importância, mas também a suscetibilidade, da imitação. Na verdade, eu soube que estava a caminho de algo importante quando a edição chinesa do meu livro *The chinese century* (O século da China) omitiu um capítulo inteiro sobre a violação dos direitos de propriedade intelectual.

A réplica também esteve onipresente em minha vida profissional. Ao trabalhar com grandes e pequenas empresas, lidei com questões que, pensando bem, estavam todas de alguma forma conectadas à imitação e com sua suposta antagonista, a inovação, embora na ocasião eu não tivesse ligado os pontos. Os empresários estreantes com os quais trabalhei tentavam convencer os investidores e seus sócios estratégicos dos quais eu me aproximava, representando-os, de que estavam fazendo algo novo; mas, ao defenderem a viabilidade do conceito, quase sempre eles davam a entender que estavam reproduzindo um modelo que funcionava. As corporações maiores, para as quais fui consultor, gostavam muito quando descobriam que os concorrentes repreendiam e relutavam em admitir que imitavam alguém, mesmo quando era claro que o faziam, nem que fosse por necessidade. "Somos uma empresa inovadora", constantemente me lembravam os executivos, que expressavam confusão e desalento a cada sugestão de que imitavam e que repetidas vezes questionavam a premissa de que a imitação era um recurso razoável, para não dizer racional e rentável. Neste livro, tentei demonstrar o contrário.

Você pode ficar surpreso de encontrar muitas referências a inspiração em um livro sobre a imitação, mas isso faz parte da mensagem. Aqui eu gostaria de reconhecer a inspiração que recebi de muitas pessoas que ajudaram essa ideia a nascer. Elas incluem não apenas os estudiosos de disciplinas distantes, como a biologia e a neurociência, os executivos que abriram espaço em suas agendas ocupadas para conversar a respeito de um tópico delicado, mas também os vários indivíduos que forneceram apoio vital para este meu empreendimento do contra. Christine Poon, reitora da Fisher School no Estado de Ohio; Steve Mangum, reitor sênior associado; David Greenberger, presidente do Departamento de RH e membros do escritório de desenvolvimento, foram todos altamente incentivadores deste empreendimento. Na Harvard Business Press, Jacque Murphy ajudou o livro a decolar, antes de colocá-lo nas mãos muito capazes de Kathleen Carr. Kathleen foi a minha editora, e realizou um trabalho magnífico, mas ela desempenhou ainda um papel muito maior, de estudiosa, colega e, acho que posso dizer, de amiga, empregando sua inteligência, experiência e infinita paciência à medida que um produto ainda em amadurecimento evoluía.

Por fim, mas não menos importante, agradeço à Miriam, minha mulher, que dá inspiração e apoio para tudo o que eu faço.

Sobre o autor

Oded Shenkar é graduado em Sociologia e Estudos Orientais e Asiáticos pela Universidade Hebraica de Jerusalém, e PhD pela Universidade de Colúmbia, onde sua dissertação sobre a burocracia chinesa envolveu trabalhar com sociologia, negócios e estudos orientais e asiáticos. Ele é presidente de Gestão de Negócios Globais da Ford Motor Company e professor de Administração e Recursos Humanos do Fisher College of Business da Universidade Estadual de Ohio. Ele também lecionou na Universidade de Cambridge, na Universidade de Birmingham, na Universidade de Pequim, na Universidade de Ciências Econômicas e Negócios Internacionais (em Beijing), no IDC (Israel) e na Universidade Internacional do Japão, entre muitas outras instituições de ensino.

Já publicou quase uma centena de artigos em periódicos importantes como *Academy of Management Review*, *Academy of Management Journal*, *Journal of Applied Psychology*, *Human Relations*, *Journal of International Business Studies* e *Strategic*

Management Journal, entre muitos outros. É autor dos livros *Organization and management in China 1979-1990* (M. E. Sharpe, 1991), *International business in China* (Routledge, 1993, com L. Kelley), *Global perspectives on human resource management* (Prentice--Hall, 1994), *The handbook of international management research* (Michigan University, 2004, com B. J. Punnett), *International business* (Wiley; Sage, 2007, com Yadong Luo), *The handbook of strategic alliances* (Sage, 2005, com Jeff Reuer) e *The chinese century* (Wharton School Publishing, 2006), que foram traduzidos em doze idiomas.

Sua obra foi citada por veículos de comunicação como: *Wall Street Journal*, *New York Times*, *Financial Times*, *Los Angeles Times*, *USA Today*, *Chicago Tribune*, *Boston Globe*, *Daily Mail* (Reino Unido), *Liberation* (França), *International Herald Tribune*, *Time*, *BusinessWeek*, *Economist*, *Chief Executive*, Associated Press, Reuters, *Nikkei Financial Daily*, *China Daily*, *Reference News* (China) e *China Business Weekly*; e também por emissoras de rádio (como NPR e CBS) e TV (Reuters, ABC, Canadian Business TV, Corean TV, Bloomberg).

O professor Shenkar foi consultor de empresas (como Battelle, Diamond Power International, Netafim e Walmart) nos Estados Unidos, no Reino Unido, no Japão, na Coreia, na China e em Israel; de governos (um exemplo é o Departamento de Desenvolvimento Econômico e Comercial do Estado do Hawaii); de instituições internacionais (Escritório Internacional do Trabalho) e de universidades (Universidade Chinesa de Hong Kong). Prestou depoimentos na Comissão de Inspeção Econômica e Segurança Estados Unidos-China e na Associação dos Governos Ocidentais, entre outras, e foi vice-presidente e membro do conselho da Academia de Negócios Internacionais.

Sumário

Sumário

1

Imitadores

Imitadores de barriga cheia

A IMITAÇÃO NÃO SÓ É MAIS ABUNDANTE QUE A INOVAÇÃO, COMO REALMENTE É UM CAMINHO MUITO MAIS VANTAJOSO PARA O CRESCIMENTO E OS LUCROS NOS NEGÓCIOS.

Theodore Levitt, 1966

Há alguns anos procurei um conhecido, executivo sênior de um grande varejista nacional, para apresentar uma nova ferramenta de marketing baseada em tecnologia desenvolvida por um fornecedor estrangeiro. A ferramenta, que incorporava a tecnologia de reconhecimento de voz em um novo aplicativo de marketing, parecia especialmente adequada para esse varejista, com fama de criador de tendências na indústria. Depois do nosso contato, ele me deu retorno querendo saber se essa ferramenta era um conceito ou já estava em uso. Eu orgulhosamente confirmei que a ferramenta era lançamento e que a empresa dele foi a primeira a ser abordada. Sua resposta foi surpreendente: "Nesse caso, não estamos interessados". Quando perguntei a razão, meu conhecido explicou: "É nossa política nunca sermos os primeiros a tentar algo novo; só levamos em consideração o que já foi testado e aprovado".

Minha reação de espanto pode ser perdoada à luz do imperativo da inovação, última moda nos escritórios dos executivos de todo o mundo – de Nova York a Sidney. A inovação é uma força poderosa, um fator significativo para a sobrevivência, o crescimento e a prosperidade corporativos. É uma fonte de lucros monopolistas de fluxo muito bom – até os imitadores aparecerem. E, inevitavelmente, isso acontece: Walter Anderson, fundador da White Castle e o primeiro empreendedor a lançar o conceito e o sistema de rede de comida padronizada de *fast-food* em 1921, viu uma enorme quantidade de concorrentes baixarem em seus restaurantes registrando tudo, do projeto da loja às rotinas operacionais. Não demorou muito para alguns deles, espertos e eficientes, superarem o original, que se tornou um ator secundário na vibrante indústria que lançou.[1]

Muitos imitadores, não obstante a imagem negativa estereotipada, na verdade trabalham tão bem que o inovador é quem acaba comendo poeira. Os sistemas bem-sucedidos, como o do McDonald's, foram replicados, por seu turno, pela geração seguinte de imitadores, como o Rally's (o próprio conceito do *drive-thru*, por exemplo, foi tomado emprestado de outros). Então, quando o McDonald's trocou equipamentos para oferecer comida mais saudável, a Yum! Brands rapidamente se adaptou, servindo o mesmo em suas redes Taco Bell e Pizza Hut, enquanto também disputava com o McDonald's em sua ávida busca por clientes para o café da manhã e o jantar.[2]

Outros exemplos incluem a EMI, que lançou a tomografia computadorizada em 1973, mas perdeu a liderança do mercado em seis anos. Dois anos depois a EMI saiu do negócio, cedendo o mercado para recém-chegados como a GE. Destino parecido aguardava a RC Cola, cujos produtos inovadores, como a diet-cola, foram rapidamente apropriados pela Coca-Cola e pela Pepsi.[3] A Sony iniciou a fotografia digital em 1981, mas logo foi ultrapassada pelos fabricantes japoneses de câmeras tradicionais e depois por concorrentes norte-americanos como a Hewlett-Packard.

Existem exemplos em abundância. O Diners Club foi o primeiro emissor de cartões de crédito, mas agora detém minúscula parcela de um mercado dominado pelas bandeiras Visa, MasterCard e American Express, nenhuma delas presente quando o Diners travou a árdua batalha de apresentar o novo conceito aos bancos, aos comerciantes e ao público em geral.[4] Quando a Sherwin-Williams criou uma tinta para uso externo que podia ser aplicada mesmo com as baixas temperaturas do inverno (e, com isso, estendeu a época propícia para pintar fachadas), em menos de três anos todas as outras empresas de tintas lançaram produtos concorrentes.[5] Muitos outros exemplos podem ser encontrados.[6]

Foram replicadas 34 de 48 inovações padrão na época em que foram estudadas, e o índice de imitação das marcas hoje em dia excede 80%. Esse número é ainda mais alto em certas categorias de produtos – por exemplo, todas as principais marcas de cereais foram imitadas.[7] O mesmo vale para muitos serviços que utilizamos, para nossas práticas corporativas e para os nossos modelos de negócios. Eles são imitados por jogadores de pouca importância (como as centenas de empresas similares ao YouTube) ou por líderes da indústria como a Hertz, cujo serviço de compartilhamento de carros, Connect, possui estranha semelhança com o modelo Zipcar da empresa novata de mesmo nome.

Centenas de livros alardeiam a magia da inovação e explicam como fazer isso acontecer. Virtualmente todos consideram as virtudes da inovação como certas e assim o ponto de partida, para tomar emprestada uma frase de um recente especial da CNBC, seria que as organizações precisam "inovar ou morrer".[8] Isso raramente pode ser afirmado explicitamente, mas a implicação é que os imitadores, se de fato quiserem sobreviver, estão condenados à insuficiência e a viver das migalhas deixadas pelos inovadores engenhosos. A imitação é apresentada como um ato de desespero espontâneo e casual; e, para se defender, os inovadores precisam apenas levantar barreiras altas e depois passar para coisas maiores e melhores.

Em contraste, este livro não trata dos inovadores, mas dos imitadores. Sua premissa básica é que a imitação, assim como a inovação, não é apenas crucial para a sobrevivência e a prosperidade dos negócios, mas também vital para o exercício eficaz da própria inovação. Além disso, argumenta que a imitação é um recurso estratégico raro e complexo, que precisa ser cuidadosamente cultivado e adequadamente implementado.

O que eu quero dizer com *imitação* neste livro é copiar, replicar ou repetir uma inovação ou um lançamento pioneiro. Porém, muitas advertências se aplicam ao tratamento do termo neste livro. Primeiro, o que pode ser imitado é um produto, um processo, uma prática ou um modelo de negócios. Segundo, a imitação pode ser "tal e qual" ou parecer uma variação ou adaptação. Terceiro, ela pode estender-se desde a cópia exata do original à inspiração de pinceladas largas, ou qualquer coisa entre ambas. Quarto, a imitação pode variar da *impressão* primitiva à *completa* (ou *verdadeira*) imitação (para mais detalhes, veja o Capítulo 2). Quinto, as formas ilegais de imitação, como pirataria e falsificações, por mais importantes e difundidas que sejam, não fazem parte da nossa discussão.

Finalmente, a imitação é abordada não só como uma estratégia coerente com a inovação, como também essencial para o uso focado e eficaz dos recursos inovadores.

O ritmo acelerado da imitação

O ritmo acelerado da imitação

Os SERES HUMANOS, assim como as outras espécies, sempre confiaram na imitação para sobreviver em ambientes hostis, fazer ferramentas e suplantar rivais e adversários. Eles aprenderam a não reinventar a roda – mesmo antes que houvesse uma. Na medida em que as comunicações e os transportes avançaram, as oportunidades para a imitação floresceram: a globalização e os avanços tecnológicos expandiram as fileiras de imitadores e tornaram a imitação mais viável, mais eficaz em termos de custos, e muito mais rápida.

Demorou uma centena de anos para as inovações do século XIX serem exploradas pelas nações menos desenvolvidas, mas as invenções feitas na segunda metade do século XX foram copiadas, em média, no período de dois anos.[9] O tempo médio para a replicação se propagar caiu de 23,1 anos, entre 1877 e 1930, para 9,6 anos com relação a produtos introduzidos entre 1930 e 1939, e para 4,9 anos no caso dos que surgiram depois de 1940; uma queda no tempo antes da imitação de 2,93%.[10] A defasagem de uma imitação, que era de 20 anos em 1961, diminuiu para quatro anos em 1981, e foi reduzida para 12 a 18 meses em 1985.[11]

O ritmo acelerado da replicação é evidente para quase todos os produtos. As imitações dos toca-discos surgiram em 30 anos, enquanto os CD *Players* foram imitados em três. Demorou uma década para aparecer a primeira imitação da minivan da Chrysler; mas o QQ, a cópia chinesa do minicarro da GM, foi lançado no período de um ano. Em 1982, os medicamentos genéricos correspondiam a meros 2% do mercado norte-americano de remédios sob prescrição, mas em 2007 eles já representavam 63%. No início da década de 1990, o Cardizem perdeu 80% do mercado para substitutos genéricos no período de cinco anos após o fim da patente; uma década depois, o Cardura perdeu uma fatia parecida em nove meses e o Prozac, medicamento campeão de vendas do laboratório Eli Lilly, perdeu a mesma fatia de mercado em apenas dois meses.[12]

A vantagem do imitador

A vantagem do imitador

Quando Bill Allen, presidente da Boeing, viu o modelo de avião Comet no Farnborough Air Show, em 1950, percebeu que o futuro da aviação civil estava na propulsão a jato.[13] Porém, no rastro deixado pela série de acidentes com esse modelo, a Boeing (com o 707) e a McDonnell Douglas (com o DC-8) passaram a dominar o mercado.

A IBM, que Peter Drucker chamou de "o imitador mais criativo do mundo", seguiu o rastro da Remington Rand na introdução de um *mainframe* comercial, e conquistou a liderança do mercado quatro anos depois do lançamento do original.[14] A IBM repetiu a façanha com o computador pessoal, quando pegou o melhor das máquinas Apple e Commodore, entre outras, e combinou-as para criar o primeiro produto comercialmente viável, perdendo mais tarde a liderança para os clones, liderados pela Compaq e pela Dell.

Muitos exemplos desse fenômeno podem ser encontrados. O Nintendo foi um dos 75 imitadores do videogame Pong, lançado pela Atari em 1975, mas se tornou o padrão oficial da indústria.

A versão de 1989 da Conner Peripheral do disco rígido de 2,5 polegadas da Prairietek captou 95% de um mercado que a pioneira dominava; o programa de navegação na internet Netscape fez o mesmo com o Spry antes de sucumbir ao Explorer da Microsoft. A Honda e a Toyota esperaram a Ford e a GM serem as primeiras imitadoras da minivan da Chrysler, mas empurraram-nas para fora do mercado com suas próprias versões do veículo. Não se trata apenas de anedotas ou lendas: muitos estudos confirmam que as empresas rápidas, que lançam réplicas em seguida ao primeiro lançamento, e mesmo as retardatárias, fazem isso muito bem.[15]

Por que razão tantos imitadores são bem-sucedidos? Com o inovador, e pioneiro, pavimentando o caminho (e pagando por isso), o imitador aproveita para pegar carona. Ele não apenas economiza em pesquisa e desenvolvimento, mas também no marketing, porque os consumidores já foram condicionados a usar o novo produto ou serviço. O imitador evita becos sem saída, seja uma aposta errada em um *design* dominante, como o formato Betamax da Sony para videocassete, ou um novo medicamento que não funciona na prática.

Como quase 90% dos medicamentos em desenvolvimento fracassam na fase de testes, mesmo após investimentos de cerca de 1 bilhão de dólares, a economia em potencial é enorme. E mesmo que o inovador seja beneficiado por um período de monopólio durante o qual poderá tentar recuperar seu investimento, o imitador ágil se beneficia de um monopólio próprio: o primeiro fabricante de genéricos a quebrar uma patente registrada é beneficiado com uma janela de seis meses de exclusividade, durante a qual seu produto pode ser vendido por até 80% do valor do equivalente da marca registrada. No caso de um medicamento de sucesso como o Lipitor, isso significa 1 bilhão de dólares de retorno sobre um investimento de 13 milhões de dólares.[16] Nada mau em absolutamente nenhuma circunstância, já que se trata de um negócio especialmente lucrativo, considerando o baixo risco envolvido de seguir um caminho desbravado, do ponto de vista científico e de mercado. Se isso soa exagerado, considere um amplo estudo que cobriu de 1948 a 2001: ele descobriu que os inovadores captaram apenas 2,2% do valor corrente de suas inovações; o resto, como podemos concluir, foi para os imitadores.[17]

Com a vantagem do retrospecto, os imitadores capitalizam as falhas das ofertas iniciais. A Disney, por exemplo, não só usou as inovações técnicas e organizacionais dos primeiros estúdios de animação de alavanca, como também ficou em posição "de perceber as limitações das animações existentes, excessivamente confiantes nos personagens dos quadrinhos, as fórmulas recicladas de perseguições, as histórias fracas ou mesmo inexistentes, a falta de caracterização das figuras centrais e a baixa qualidade visual".[18]

Como os imitadores não arcam com os investimentos obrigatoriamente feitos pelo pioneiro, podem aperfeiçoar o original para adequá-lo às mudanças de gosto dos consumidores, ou podem dar o pulo do gato para a geração tecnológica seguinte. A Samsung, como outros fabricantes sul-coreanos, serve de exemplo. A empresa estava imensamente atrasada em tecnologias analógicas quando deu o pulo do gato para a era digital. Já tendo observado a reação do mercado, os imitadores podem calibrar melhor o produto, posicionando-o onde os retornos pareçam mais seguros e promissores.

Como a maioria dos ganhos de produtividade não surge com a inovação original, mas dos aperfeiçoamentos subsequentes, os imitadores quase sempre estão mais bem posicionados para oferecer ao consumidor algo que não é apenas potencialmente melhor, mas também consideravelmente mais barato. Com a necessidade de redesenhar muitos, mas não todos os passos do inovador, a replicação exige custos incomuns; porém, os custos totais na maioria dos casos são significativamente menores, normalmente 60% a 75% dos custos incorridos pelo inovador.[19] Em uma época de margens apertadas, uma defasagem dessa magnitude tem grande repercussão. Ela permite ao imitador lances competitivos, que variam desde preços consideravelmente inferiores (repassando assim a economia nos custos para os consumidores) até o oferecimento de produtos (ou serviços) com características superiores, melhor distribuição e assistência ou garantia maior e melhor (para compensar a marca menos conhecida). Ou a economia pode até mesmo ser direcionada à, quem diria, inovação.

Os imitadores também são menos propensos a se tornar benevolentes, um problema grave para os inovadores e pioneiros que são levados pelo sucesso a ponto de subestimarem os perigos à espreita no espelho retrovisor. Os imitadores, que costumam correr por fora, tendem a ser paranóicos quando o assunto são outras empresas seguindo suas pegadas e estão mais bem preparados para repelir ataques. Jonney Shih, presidente da Asustek, aponta: "Não podemos esquecer que existem pessoas correndo atrás de nós".[20] Como os imitadores quase sempre se diferenciam dos originais, quase sempre estão mais atentos ao jogo das mudanças tecnológicas. Os estúdios de animação pioneiros foram relutantes em adotar os recursos do som e da cor quando se tornaram disponíveis, mas a Disney rapidamente percebeu o potencial que tinham e usou-os para emergir como líder.

Finalmente, como os imitadores quase sempre trabalham com base em mais de um modelo, são constantemente lembrados de que existe mais de um jeito de avançar, mais de um precursor a ser imitado em relação à inovação em foco. Não é de admirar que as inovações mais rentáveis quase sempre são aquelas que contêm uma forte dose de imitação.[21]

A face mutável da imitação

A face mutável da imitação

No passado, a imitação quase sempre nada mais era que fruto de pura sorte: Ray Krok tropeçou no McDonald's original enquanto tirava pedidos de vendas de máquinas de *milk-shake*. Em uma visita superficial a supermercados norte-americanos, os executivos japoneses do mercado automotivo perceberam como as mercadorias eram repostas automaticamente e foram inspirados a introduzir o sistema de produção *just-in-time*.

Essas felizes coincidências foram tudo, menos um processo muito planejado, e não é de admirar que, em outros casos, oportunidades tenham sido perdidas. Quando Theodore Levitt pesquisou empresas líderes, descobriu que "nenhuma delas tinha qualquer tipo de política para orientar suas reações às inovações dos outros".[22] O resultado, mesmo quando a imitação é introduzida, é quase sempre acanhado, como aconteceu com a Remington e a L.C. Smith, duas empresas que fracassaram na tentativa de abocanhar uma fatia substancial da Underwood, líder do mercado, cujo revolucionário design da máquina de escrever eles copiaram.[23]

Muitos imitadores chegam ao mercado depois que os pioneiros ou os seguidores iniciais estabeleceram uma vantagem insuperável ou saturaram o mercado. Outros tropeçam ao seguir cegamente a fórmula de um concorrente a cujos recursos não conseguem se igualar. Ao explicar os motivos pelos quais o Merrill Lynch e o Citigroup sofreram fortes perdas no mercado de empréstimos *subprime* (de risco), enquanto a Goldman Sachs e o J.P. Morgan evitaram grande parte do massacre, o *Wall Street Journal* sugeriu que foi porque a Merrill e o Citi quiseram imitar o sucesso da Goldman Sachs, mas careciam das habilidades e da experiência dessa empresa. Outros imitadores não conseguem se embrenhar nos meandros do modelo e produzem imitações que não condizem com o padrão, como aconteceu com a Delta em sua dupla tentativa fracassada de clonar uma variante da Southwest Airlines.

A esperança e também o desafio da imitação podem ser ilustrados por meio de um olhar rápido na indústria de computadores pessoais e duas de suas empresas líderes: Hewlett-Packard (HP) e Dell. A HP, uma empresa orientada para a inovação, quase sempre era criticada por não tirar plena vantagem de seu poderio de inovação. Quando as pressões competitivas subiram, a companhia restringiu as despesas de Pesquisa e Desenvolvimento (P&D), impulsionou parcerias tecnológicas, trocou componentes próprios patenteados por padrões da indústria e economizou com a cadeia de fornecedores. Passou a recolher tecnologia de outras partes do negócio e se fundiu com a Compaq, reduzindo as despesas de inovação. A HP afastou-se da inovação pura e simples para a "inovação focada", com o objetivo de "inventar tecnologias e serviços que agreguem valor aos negócios".[24] Embora a empresa não confirmasse, isso significava que a inovação seria uma opção melhor que a imitação somente se pudesse produzir melhores resultados para os negócios.

A Dell também procurou a inovação focada, mas por razões opostas. Por causa da falta de vantagens competitivas em tecnologia, a companhia escolheu "inovar na comercialização", com o uso de vendas diretas e a redução das despesas de inovação do produto. O custo da empresa com P&D caiu para um quarto do da HP, com Kevin Rollins, CEO da Dell naquela época, alardeando: "Se a inovação é uma arma tão competitiva, por que não traduzir isso em rentabilidade?".[25] Por outro lado, a Dell fia-se pesadamente na imitação do *design* e da tecnologia do produto, ou, como um analista comentou: "Eles inovam onde a criatividade fortalece as vantagens essenciais, e imitam nas demais partes".[26]

A estratégia da Dell derrapou quando os concorrentes replicaram o modelo de vendas diretas sem abandonar os canais de varejo e terceirizaram a produção em fábricas na Ásia, cortando por baixo a vantagem de custos da Dell. A Dell então voltou aos canais de varejo privilegiados pela HP, mas, como um analista lamentou: "o problema é que eles estão adotando o canal de vendas líder, e os custos e os recursos estão fora de controle".[27]

Essa história nos revela que a imitação é, ou pelo menos deveria ser, parte de qualquer estratégia global de uma empresa. Ela precisa ser avaliada nos termos do contexto subjacente e das capacidades, e está intimamente ligada à inovação.

Estabelecer a harmonia entre a inovação e a imitação é desafiador, pois esse tipo de equilíbrio é um alvo em movimento. Não era assim até o início do século XX, por exemplo, quando a indústria farmacêutica se dividiu entre inovadores e imitadores, e décadas se passaram antes que uma mudança na regulamentação criasse a categoria dos genéricos que, por consequência, captou mais da metade do mercado norte-americano de medicamentos. Essa mudança desgastou o modelo de negócios dos inovadores e forçou-os a adotar a imitação como estratégia complementar. Em entrevista para explicar a decisão da Pfizer de fabricar genéricos, David Simmons, gerente geral da recém-formada unidade de "produtos existentes" da empresa, disse: "Buscamos sempre a inovação, e ela será sempre a força vital e o elemento de sustentação da Pfizer, mas não a vemos como um ser todo-poderoso e como o fim de todas as coisas".[28]

Outros inovadores, como Sandoz e Daichi Sankyo (que adquiriu o controle acionário da Ranbaxy, fabricante indiano de genéricos), fizeram incursões nos genéricos, e alguns reduziram seus gastos de P&D. O mercado pareceu gostar da ideia: quando a Valeant anunciou que cortaria seu orçamento de P&D pela metade, suas ações subiram 60%.[29] Ao mesmo tempo, replicadores como a israelense Teva, fabricante mundial líder de genéricos, estão expandindo seus negócios para medicamentos inovadores, inclusive híbridos como os chamados biossimilares, que imitam a mais recente biotecnologia de medicamentos.

Imovação: a fusão da inovação com a imitação

Quando procurei os imitadores consumados, fiquei surpreso de ver que alguns também eram conhecidos como inovadores. É o caso de empresas como Walmart, IBM, Apple, Procter & Gamble, Sherwin-Williams e Cardinal Health, entre outras. A General Electric (GE), célebre inovadora e uma das empresas mais imitadas, usa a imitação para puxar o tapete de concorrentes com tecnologia superior e tem um histórico de importação de práticas, como a rápida inteligência de mercado do Walmart e a metodologia de desenvolvimento de novos produtos da HP.

Nós chamamos essas empresas de *imovadoras*. Os *imovadores* entendem que a imitação não é contraditória, mas sim apoiadora da inovação. Lionel L. Nowell, antigo vice-presidente sênior e tesoureiro da PepsiCo, diz: "Mesmo quando tentamos inovar, também queremos saber o que as outras pessoas têm lá fora, então algumas inovações, por mais absurdo que isso agora possa parecer, são impelidas pela imitação", e, como resultado: "mesmo quando procuramos imitar, dizemos que temos de fazer melhor e transformar isso quase em inovação".[30] A diferenciação, afirma G. Gilbert Cloyd, ex-diretor de tecnologia da P&G, nem sempre vem de novos elementos, mas da maneira como eles são reunidos, ou aquilo que depois eu posso chamar de *montagem*, *conjunto*, ou *arquitetura combinável*.[31]

Os *imovadores* tomam uma decisão consciente a respeito de quando inovar e de quando buscar paridade. Eles entendem que precisam, nas palavras de R. Kerry Clark, presidente e CEO da Cardinal Health: "ajustar e suavizar a mistura".[32] A P&G, por exemplo, vê a inovação como um diferenciador fundamental, mas como afirma Cloyd, ex-executivo da P&G: "Quando existem elementos de paridade, se alguém já descobriu um jeito melhor de fazer algo ou de entregar algo, você vai usar isso e não vai sentir a necessidade de sair e inventar outros jeitos de produzir um determinado aspecto se não existirem benefícios tangíveis ou perceptíveis para o consumidor".[33] Nowell vê isso quase da mesma maneira: "Vemos a inovação como uma clara vantagem competitiva; a finalidade da imitação é garantir que não ficaremos em desvantagem".[34]

Para os *imovadores*, o ponto de fusão da inovação com a imitação tende a ocorrer *na* ou *em torno* da "junção estratégica fundamental". Para a P&G, por exemplo, essa junção é a experiência do consumidor, ou, no jargão da empresa, os dois "momentos da verdade": a decisão de compra e a experiência do uso.

Os *imovadores* criam plataformas de capacidades, compartilhadas por inovadores e imitadores. Elas incluem a capacidade de organizar um vasto agrupamento de pontos de dados e informações, e ligam várias bases do conhecimento enraizadas em diferentes áreas e disciplinas. Os *imovadores* também possuem a habilidade de evitar modelos enganosamente simples de realidades complexas e o recurso de analisar um quebra-cabeças multifacetado em peças reconhecíveis sem perder a visão de sua forma combinável.

Os *imovadores* também sabem desenvolver e impulsionar as qualidades diferenciadas que estão associadas à imitação. Isso inclui a habilidade de realizar amplas pesquisas em tempo real, trabalhar a partir de modelos múltiplos, entender a correspondência entre um produto ou modelo e seu mercado, e empreender implementações rápidas e eficazes, improvisando à medida que se movimentam em um ambiente que muda rapidamente. Os *imovadores* fazem isso de modo criativo, envolvendo-se naquilo que os romanos chamavam de "imitação inspirada".

Assim como os empresários europeus uniram a porcelana chinesa tradicional com modernas técnicas de produção (veja o Capítulo 2), os *imovadores* fundem elementos imitados com o talento e a percepção do contexto e das circunstâncias. Essa prática permite aos *imovadores* passar do que foi "encontrado com orgulho" para aquilo que a P&G chama de "conexão e desenvolvimento".[35]

Na P&G, um sistema de "inovação aberta" derruba barreiras externas e internas para permitir o fluxo de ideias e utiliza recompensas que monetizam as contribuições onde elas são inventadas. Como resultado, a meta da empresa de obter um terço das novas ideias de produtos vindas de fora já foi superada, resultando em menores custos, tempo de comercialização reduzido e melhores probabilidades de captar ideias relevantes.

Neste livro

Neste livro

O OBJETIVO DESTE LIVRO é mudar a mentalidade de que a imitação é uma praga embaraçosa que se instala às margens do mundo dos negócios, colocando-a no centro do jogo estratégico e operacional. Quando estiver terminando a leitura, você não só apreciará o valor da imitação como também estará ciente de seus custos e riscos. Você terá uma quadro para utilizar na identificação e no desenvolvimento das competências da imitação e aprender como abordar, analisar, formular e implementar um plano estratégico que possibilite a imitação e a compreensão de seu potencial. Você descobrirá algumas das principais razões dos sucessos e fracassos da imitação, e será capaz de escolher de acordo com um repertório de estratégias a tirar proveito do poder da imitação e a resolver seus desafios centrais.

Do começo ao fim deste livro, você aprenderá a ver a imitação e a inovação não em contraste preto no branco, mas nos vários matizes que suas complementaridades e sinergias conotam. Você conseguirá ver a imitação não como um obstáculo para a inovação, mas como um fio condutor para a inovação benfeita.

O Capítulo 2 fornece uma variedade de lentes para observar a imitação. Essas perspectivas são tomadas de disciplinas como a biologia, a história e as ciências cognitivas neurológicas. Você descobrirá que as ciências, que antes enxergavam a imitação como um instinto primitivo, agora a veem como um recurso raro, complexo e vital, de crucial importância para a sobrevivência, a evolução e o bem-estar.

Em seguida, o Capítulo 3 explica por que a era da imitação está diante de nós: como e por que a codificação do conhecimento, a globalização e a modularização dos negócios estão tornando a imitação mais corrente, viável, rápida e rentável do que nunca, e por que é provável que essas tendências persistam e aumentem de velocidade. O Capítulo 4 exibe histórias de casos de um dos mais complexos desafios da imitação: a reprodução de um modelo de negócios. Examinando os modelos da Southwest Airlines, Walmart e Apple, vamos encontrar uma grande variedade de imitações – as bem-sucedidas e as malsucedidas –, e buscamos as generalidades que podem ser deduzidas a partir daí.

O Capítulo 5 destaca os recursos necessários para superar os melhores, inclusive a capacidade de selecionar e recorrer aos modelos certos, a habilidade de decifrar as causas e os efeitos que sustentam o desempenho de um modelo, e a adequada execução de um plano de imitação. O Capítulo 6 resume várias estratégias de replicação e oferece um quadro de ações baseado em decisões-chave, como *onde*, *o que*, *quem*, *quando* e *como* imitar. Finalmente, o Capítulo 7 fornece um resumo útil e um quadro de ações que relaciona as dez regras da *imovação*.

Lembretes

1 Da carona ao pulo do gato, as empresas ignoram os benefícios da imitação por sua conta e risco.

2 O ritmo da imitação está aumentando tão ou mais rapidamente que o ritmo da inovação.

3 Embora muitos imitem bem, alguns tropeçam por causa da falta de capacidades, ou fracassam na condução do planejamento estratégico.

4 A imitação não só é congruente com a inovação, como também, quando feita corretamente, é um fator de inovação.

5 A *imovação* é a fusão da imitação com a inovação para criar vantagens competitivas.

NOTAS

1 HOGAN, D. G. *Selling'em by the sack*: white castle and the creation of American food. Nova York: NYU Press, 2007; RIVKIN, J. W. Reproducing knowledge: replication without imitation at moderate complexity. *Organization Science* 12, 3, 274-293, 2001; Big bite, *Economist*, p. 107, 26 abr. 2008.

2 ADAMY, J. Yum! Uses McDonald's as guide in bid to heat up sales. *Wall Street Journal*, A21, 13 dez. 2007.

3 TEECE, D. Profiting from technological innovation: implications for integration, collaboration, licensing and public policy. *Research Policy* 15, 285-305, 1986.

4 S. P. Schnaars fornece várias histórias de casos de concorrentes ulteriores que foram vitoriosos contra pioneiros. Ver SCHNAARS, S. P. *Managing imitation strategies*: how late entrants seize markets from pioneers. Nova York: Free Press, 1994.

5 CONNOR, C. Entrevista com o autor, 24 out. 2008.

6 Ver, por exemplo, SCHNAARS, S. P. *Managing imitation strategies*: how late entrants seize markets from pioneers. Nova York: Free Press, 1994.

7 MANSFIELD, E.; SCHWARTZ, M.; WAGNER, S. Imitation costs and patents: an empirical study. *Economic Journal* 91 (dezembro), 907-918, 1981; LEVIN, R. et al. Survey research on R&D appropriability and technological opportunity. Working Paper Part 1: Appropriability. New Haven, CT: Yale University, 1984; BURNS, G. A Fruit Loop by any other name... *BusinessWeek*, 73-76, 26 jun. 1995 (conforme citado em COLLINS-DODD, C.; ZAICHKOWSKY, J. L. National brand responses to brand imitation: retailers versus

other manufacturers. *Journal of Product and Brand Management* 8, 2, 96-105, 1999); BELSON, K. Hertz tosses some car keys into the ring, battling Zipcar. *Wall Street Journal*, B7, 17 dez. 2008.

8 The Business of Innovation. *CNBC*, 5 out. 2009.

9 Banco Mundial. *Global economic prospects*: technology diffusion in the developing world. Washington, DC: The World Bank, 2008.

10 AGARWAL, R.; Gort, M. First-mover advantage and the speed of competitive entry, 1887-1986. *Journal of Law and Economics* 44, 1, 161-177, 2001 (citado na página 168).

11 Banco Mundial. *Global economic prospects*, 2008; Agarwal e Gort, First-mover advantage and the speed of competitive entry, 1887-1986; MANSFIELD, E. How rapidly does new industrial technology leak out. *Journal of Industrial Economics* 34, 2, 217-223, 1985; MANSFIELD, E. Technical change and the rate of imitation. *Econometrica* 20, 4 (outubro), 741-766, 1961; MANSFIELD; SCHWARTZ; WAGNER, 1981.

12 PARVIS, E. N. *The pharmaceutical industry*: access and outlook. Huntington, NY: Nova Science Publishers, 2002; BOLLIER, D. *Silent theft*: the private plunder of our common wealth. Nova York: Routledge, 167, 2002; Pan American Health Organization Staff. *Health in the Americas*. Washington, DC: PAHO, 2007; World Health Generic Pharmaceutical Association. *IMS National Sales Perspective*. Arlington, VA: GphA, 2007; FRANK, R. G.; SEIGUER, E. Generic drug competition in the US: Business briefing. *Pharmagenerics*, 65-70, 2003; HARRIS, G. For drug makers, good times yield to a new profit crunch. *Wall Street Journal*, A1, 30 abr. 2002.

13 BOWERS, P. M. *Boeing aircraft since 1916*. London: Putnam Aeronautical Books, 1989.

14 DRUCKER, P. F. *The essential Drucker*. Nova York: Harper Business, 2001.

15 COUGHLAN, P. J. The golden age of home video games: from the reign of Atari to the rise of Nintendo. Case 9-704-487. Boston: Harvard Business School, 2004; CHRISTENSEN, C. M. *The innovator's dilemma*: when new technologies cause great firms to fail. Boston: Harvard Business School Press, 1997; CORTS, K. S.; FREIER, D. A brief history of the browser wars. Case 9-703-517. Boston: Harvard Business School, 2003; BRYMAN, A. Animating the pioneer versus late entrant debate: an historical case study. *Journal of Management Studies* 34, 3, pp. 415-438, 1997; LEWIN, A.; MASSINI, S. Knowledge creation and organizational capabilities of innovating and imitating firms. Paper presented at the Druid Summer Conference on Creating, Sharing and Transferring Knowledge, Copenhagen, 12 a 14 jun. 2003.

16 Knowledge@Wharton. Where will indian drug companies be in five years? Everywhere – if they innovate. Relatório preparado pela Knowledge@Wharton em parceria com a Bain & Company. Disponível em: <http://www.bain.com/bainweb/pdfs/cms/marketing/bain%20India%20 Pharma%20FINAL%203 21 06.pdf>, 2006.

17 NORDHAUS, W. D. Schumpeterian profits in the American economy: theory and measurement. *Discussion Paper 1457*. New Haven, CT: Cowles Foundation, 2004.

18 BRYMAN. *Animating the pioneer versus late entrant debate*: an historical case study.

19 BESSEN, J.; MASKIN, E. Sequential innovation, patents and imitation. Working Paper. Cambridge, MA: Department of Economics, MIT, 2000; SCHWARTZ, M. A. *The imitation and diffusion of industrial innovations*. Ann Arbor: University of Michigan Press, 1978; MANSFIELD; SCHWARTZ; WAGNER, 1981.

20 TSAI, T.; JOHNSON, I. As giants step in, Asustek defends a tiny PC. *Wall Street Journal*, B1, 2 maio 2009.

21 NORDHAUS, 2004; BAYUS, B. L.; ERICKSON, G.; JACOBSON, R. The financial rewards of new product introductions in the personal computer industry. *Management Science* 49, 2, p. 198, 2003; MANSFIELD, E.; RAPOPORT, J.; SCHNEE, J.; WAGNER, S.; HAMBURGER, M. *Research and innovation in the modern corporation*. Nova York: Norton, 1971.

22 LEVITT, T. The management of reverse R&D or how to imitate your competitor's products before it's too late. *Harvard Business Review*, 33-37, set.-out. 1966.

23 UTTERBACK, J. M. *Mastering the dynamics of innovation*. Boston: Harvard Business School Press, 1994.

24 LEWIS, M.; RAI, A.; FORQUER, D.; QUINTER, D. *UPS and HP*: value creation through supply chain partnerships. Case Study 907D02. London: Ivey School of Business, 2007; HOUT, Thomas M. *HP's computer business*: can it compete? Case HKU558. Hong Kong: University of Hong Kong, Asia Case Research Center, 2006.

25 ROLLINS, Kevin. The Walmart of High Tech? Interview by Bill Breen. *Fast Company*. Mansueto Ventures LLC. Disponível em: <http://www.fastcompany.com/magazine/88/dell-rollins.html>, 2007.

26 CARR, N. G. How to be a smart innovator. *Wall Street Journal*, R7, 11 set. 2006.

27 MORITZ, S. Michael Dell not enough to boost Dells. *CNNMoney.com*, 28 fev. 2008.

28 LOFTUS, P. Pfizer eyes bigger push into generics. *Dow Jones Newswires*, 16 out. 2008.

29 ROCKOFF, J. D. Drug firm leaves R&D to others. *Wall Street Journal*, B6, 2 mar. 2009.

30 NOWELL, L. Entrevista com o autor, 12 jan. 2009.

31 CLOYD, G. Entrevista com o autor, 4 fev. 2009.

32 CLARK, K. Entrevista com o autor, 11 dez. 2008.

33 CLOYD, G. Entrevista com o autor, 4 fev. 2009.

34 NOWELL, L. Entrevista com o autor, 12 jan. 2009.

35 NUNES, P. F.; MULANI, N. P.; GRUZIN, T. J. Leading by imitation. *Outlook* 1, 1-9, 2007.

2

A ciência e a arte da imitação

ESTUDOS ARQUEOLÓGICOS MOSTRAM QUE EM TEMPOS ANTIGOS O HOMEM ERA MUITO MAIS IMITATIVO DO MUNDO EXTERNO DO QUE FOMOS LEVADOS A SUPOR...

Gabriel Tarde, 1903

A imitação é uma parte fundamental da vida social e biológica. É a maneira pela qual as várias espécies aprendem, compreendem, sobrevivem, competem e evoluem na medida em que adquirem traços e comportamentos que as ajudam a prosperar em seus respectivos ambientes. É um mecanismo vital utilizado pelos seres humanos para adquirir habilidades básicas como a linguagem, pelas organizações para se instruir e competir, pelas culturas e sociedades para instilar valores e normas de comportamento, e pelas nações para se adaptarem umas às outras. A imitação escorou a sobrevivência da raça humana por meio do uso de ferramentas e da construção de competências, e é uma das maneiras de comunicar tradições sociais complexas de geração a geração.[1] Ela foi essencial para a evolução humana, pois, por meio do chamado "efeito catraca", facilita a difusão de novas ideias, tecnologias, e invenções.[2]

Neste capítulo, vou rever o tratamento da imitação em várias áreas acadêmicas, que vão da biologia a filosofia, arte, história, antropologia, psicologia, economia e negócios. O objetivo é ajudá-lo a aprender por meio do conhecimento e das evidências empíricas pertinentes à imitação em diversas áreas da ciência e então extrair as lições aplicáveis aos negócios. Ao mesmo tempo, esta é a oportunidade de você se familiarizar com as diversas formas de imitação, entender suas motivações e seus resultados, e aprender como é importante imitar bem. Também discuto como as percepções acadêmicas desse fenômeno mudaram com o tempo, e questiono se a administração de negócios, presumivelmente um campo integrador, se adaptou às visões radicalmente variáveis da imitação nas ciências. Finalmente, este capítulo é a oportunidade para um rápido vislumbre das estratégias de imitação empreendidas por humanos e não humanos conforme navegavam em um mundo propenso à imitação.

Em seu livro *Guns, germs and steel*, Jared Diamond conclui que o desenvolvimento humano não teria sido possível sem a imitação, pois para todas as sociedades, exceto as mais isoladas, a maioria das novas tecnologias não foi inventada localmente, mas emprestada de outras sociedades.[3] Por exemplo, com raríssimas exceções, todos os sistemas de escrita evoluíram das escritas primitivas de povos sumérios ou mesoamericanos, ou pelo menos foram inspirados por elas. Importantes tecnologias como os moinhos e a bússola magnética foram inventadas apenas uma ou duas vezes no mundo inteiro, então a única maneira de as outras sociedades não ficarem para trás era imitar a invenção ou se omitir para seu próprio risco: "Sociedades a princípio sem algumas vantagens, ou as adquiriam das que as possuíam ou, se não o fizessem, eram substituídas".[4] A industrialização, igualmente, repousou, em grande medida, na emergência de um número relativamente pequeno de processos produtivos, em geral similares, os quais foram então difundidos e aplicados a uma grande quantidade de indústrias.

Quase nada parece ter mudado. Randall Rothenberg, ex-diretor-sênior da Booz Allen, concluiu que a criação mais valiosa em negócios nos Estados Unidos num período de 30 anos pode ser determinada por apenas quatro ideias: varejo poderoso (grandes lojas de departamentos como a The Home Depot), megamarcas (marcas guarda-chuva como a Disney), foco/simplificação/padronização (simplificação de processos como no McDonald's) e atalhos na cadeia de valores (eliminação do revendedor ou intermediário, como na Amazon.com).[5]

Nossos ancestrais perceberam as vantagens potenciais associadas à imitação, como é evidente no conselho de Leibniz ao jesuíta em viagem para a China: "não se preocupe muito com levar coisas europeias para os chineses, dê preferência a trazer as notáveis invenções chinesas para nós; caso contrário obteremos pouco proveito da missão na China".[6] No Império Romano, em que a imitação era utilizada para alinhar as diversas culturas e instituições do vasto império sob um mesmo e único guarda-chuva, ela servia como a pedagogia oficial.

A imitação conservou essa primazia na Civilização Ocidental até a época do Romantismo, com seu "ethos de criatividade, originalidade e gênio".[7] Os estudantes romanos se dedicavam a exercícios de imitação que variavam de memorizar e copiar a parafrasear e traduzir, e eram incentivados a escolher cuidadosamente seus modelos com base na superioridade de atributos particulares.

Longe de ser uma ocupação negativa, a imitação era vista como uma atividade intelectual que exigia engenho e criatividade. Na verdade, além da *repetição do mesmo*, ou *reprodução*, as pedagogias da imitação incluíam a *repetição da diferença*, ou *variação*, que levava em conta a divergência entre os estudantes e os modelos que eles seguiam, e a *diferença e a repetição*, ou *inspiração*, que os imitadores mesclavam em *insights* criativos. Essas pedagogias injetavam um traço inovador na imitação e cimentavam o íntimo relacionamento entre as duas atividades.

Com o comércio mundial em crescimento, normalmente a imitação começava para reduzir as importações – isto é, como um jeito de substituir mercadorias importadas com derivativos locais. Porém, da mesma maneira pela qual as características físicas são geneticamente replicadas, as tecnologias, os materiais e as ideias importadas foram "combinados, variados e selecionados", produzindo novas técnicas ou novas variedades de produtos."[8] Quando os europeus finalmente conseguiram imitar a porcelana chinesa, algo que eles tentaram fazer durante séculos, procuraram combinar suas qualidades estéticas com as novas técnicas de produção que então estavam disponíveis para eles. "Ao imitar essas mercadorias", escreveu um comentarista, "eles criaram novos produtos, mas procurando manter o gostinho do original".[9]

Longe de ser estigmatizada, a imitação era considerada motivo de orgulho. Se houvesse oposição, ela vinha de hábitos sociais e interesses de classe: oferecer para a classe média louças até então reservadas à nobreza era visto pelos nobres como uma agressão ao *status* deles. Os chineses, por seu lado, incorporaram desenhos europeus aos pratos e vasos que exportavam para a Europa, produzindo uma rica mescla. Esse fluxo de imitação mútuo produziu novas e criativas formas, ou, como William Sargent, curador de arte asiática de exportação do Peabody Essex Museum, se expressou a respeito: "A interação artística quase sempre resultou no enriquecimento da arte em questão, então aquilo que perdura não é o que foi perdido na tradução, mas quase sempre o que foi alterado, eventualmente melhorado, às vezes beneficiado e sempre atraente".[10]

O Japão, famoso por ser um imitador consumado, embarcou na cópia e adaptação da linguagem e das instituições governamentais chinesas por volta do século VIII, e repetiu a façanha um milênio depois, na restauração Meiji, ao imitar modelos ocidentais, inclusive a marinha britânica, o exército alemão e os bancos norte-americanos. Os modelos foram selecionados depois de uma pesquisa completa feita por missões japonesas no exterior com base na superioridade percebida e na adaptabilidade ao contexto japonês; na ocasião, elementos de diferentes modelos foram misturados, junto com práticas educacionais da França, da Alemanha e dos Estados Unidos.[11] No pós-guerra da Segunda Guerra Mundial, a indústria automobilística japonesa se firmou fazendo uso da engenharia reversa com os veículos montados nos EUA. Depois, a indústria japonesa inovou, tanto em produtos como em processos, desenvolvendo o método da manufatura enxuta, no final copiada não apenas pelas montadoras americanas, mas também por fabricantes de aeronaves e pelos hospitais, entre outros.

Os fabricantes norte-americanos de pianos começaram copiando a tecnologia alemã, antes de serem imitados sucessivamente por empresas japonesas, sul-coreanas e, finalmente, chinesas. Os suíços, famosos pelas habilidades em relojoaria, adquiriram tais habilidades a partir dos então superiores relojoeiros da Inglaterra e da França, mas séculos depois também tiveram de entregar grande parte do mercado para imitadores japoneses, sul-coreanos, chineses de Taiwan e, por fim, chineses do continente, que inicialmente competiam pelo preço antes de acrescentarem novos recursos e novas tecnologias.

A imitação entre as espécies

A imitação entre as espécies

Os BIÓLOGOS DEFINEM A IMITAÇÃO *verdadeira* (ou completamente desenvolvida) como o domínio de um comportamento novo pela observação de outra pessoa que realizava a mesma coisa dentro de uma estrutura de meios e fins. A biologia também reconhece formas de imitação inferiores, como a *emulação*, na qual apenas os fins observáveis são seguidos, e a *primeira resposta*, na qual ações são seguidas, mas não como recursos aprendidos para realizar um objetivo. Outras formas de replicação de comportamentos próximas da imitação verdadeira são a *impressão*, um tipo de ato instintivo (como o patinho seguindo um objeto que se movimenta), e o *contágio*, que implica contato com comportamentos típicos de espécie, também chamado *mimese* ou *resposta facilitada*.

De acordo com a *Enciclopédia Britânica*, o mimetismo é "a semelhança superficial de dois ou mais organismos não intimamente relacionados pela taxonomia, a qual confere uma vantagem, como proteção contra predadores". O mimetismo é encontrado em ampla variedade de gêneros, de plantas e insetos a pássaros e animais. Por exemplo, as flores de *lobelia cardinalis* atraem polinizadores não pelo oferecimento de néctar, mas pela semelhança com flores polinizadas por beija-flores. Os insetos copiam a aparência de seus pares de sabor ruim de modo a reduzir a probabilidade de ser devorados, e aranhas adotam a cor de flores desabrochadas para atrair suas presas.[12] Um paralelo com o marketing seriam as inferências de qualidade dos consumidores ou a funcionalidade de uma determinada similaridade de aparência e características externas.

Nos animais, a imitação é crucial, pois orienta decisões-chave do ciclo de vida. Por exemplo, na escolha de parceiros, as fêmeas tendem a copiar as preferências visíveis das outras, uma ótima estratégia considerando o risco envolvido. Conforme as selecionadoras se tornam melhores na escolha do parceiro certo, as copiadoras, igualmente, se tornam mais bem-sucedidas, pois elas copiam as melhores escolhas feitas por aquelas que experimentaram primeiro ou que imitaram aquelas que antes fizeram a melhor escolha.

A vantagem dos copiadores se dissipa com o tempo, contudo, quando se tornam a massa da população.[13] Esse fenômeno tem claros paralelos com a vida econômica, na qual as vantagens dos pioneiros (ou inovadores) e dos imitadores rápidos desgastam-se e por fim desaparecem depois que muitos copiaram suas ações. Tom Ludlam Jr., presidente e CEO da Prologue e veterano da indústria farmacêutica, observa que, assim que seis ou sete concorrentes participam de um mercado de medicamentos sob prescrição, o poder de controlar os preços quase desaparece.[14]

Os biólogos têm plena consciência das vantagens da imitação. Por exemplo, eles explicam que a capacidade de imitar permitiu aos grandes primatas sobreviver em ambiente hostil apesar de suas fraquezas físicas e outras desvantagens. Exceto os grandes primatas – e também algumas espécies de macacos, golfinhos e pássaros, como o papagaio –, os não humanos utilizam formas simples de imitação como o mimetismo, a impressão, e o contágio. Eles não são capazes de formas avançadas como a *imitação opaca*, que exige reproduzir um comportamento que não pode ser diretamente observado e precisa ser "provocado" por meio de mecanismos como a tomada de perspectiva. Embora recente pesquisa da neurociência mostre que os macacos possuem os "neurônios espelho" que possibilitam a imitação dos outros de forma complexa e multimodal, o consenso é que a maioria dos animais não é capaz de desvendar os meios complexos e a estrutura de metas subjacentes à *imitação verdadeira*. Na verdade, muitos biólogos acreditam que a capacidade de imitar é o que separa os seres humanos das outras espécies.[15]

Os seres humanos recém-nascidos são tão propensos à imitação que estudiosos os rotularam como "máquinas de imitação". Pesquisas recentes têm mostrado que, mais do que aprender a imitar, os bebês *aprendem por imitação*, com o aprendizado por tentativa e erro começando mesmo antes do nascimento. Assim que nascem, as crianças imitam as expressões faciais e vocais, e também os movimentos motrizes de quem cuida deles, e com seis semanas de idade já são capazes da *imitação retardada* – ou seja, elas podem repetir uma atividade que foi realizada 24 horas antes. Aos três meses, as crianças substituem o tipo de imitação inicial por uma forma mais madura, que inclui a capacidade de captar o significado e a relevância do objeto da imitação.

Conforme as crianças crescem, a imitação se torna mais complexa, e pelo resto de suas vidas elas continuarão a imitar, observando-se uma às outras em busca de dicas a respeito de como se apresentar a si próprias e como se comportar em vários cenários sociais.

Sem surpreender, e agora os economistas reconhecem o fato, os seres humanos são especialmente aptos para imitar as atividades que parecem render resultados positivos.[16]

A resolução do problema da concordância

A resolução do problema da concordância

O QUE DÁ AOS SERES HUMANOS a habilidade de decompor e remontar os comportamentos complexos exigidos pela *imitação verdadeira*? O que nos dá essa capacidade são as nossas poderosas habilidades perceptivas cognitivas. Quanto maior a capacidade cognitiva, maior a quantidade de atividade imitativa, e provavelmente mais acurada a imitação será.

Os recursos cognitivos, em troca, são vitais para o aparelhamento e a resolução do *problema da integração*, considerado o enigma central nos estudos sobre imitação. O problema – enraizado na diferença dos parâmetros de codificação entre o sistema visual (observação de um ato) e o sistema motriz (realização da atividade recentemente adquirida) – é definido como o desafio de converter um modelo em uma cópia que preserve o efeito favorável observado no original. A solução exige uma série de fases, da recepção à compreensão e conversão em um similar.

Para resolver o problema da concordância em um cenário da vida real, não basta decompor e remontar os elementos dos dois sistemas (o do modelo e o do imitador); antes, como acontece com todas as traduções, é preciso preservar – se necessário, reinterpretar – as mensagens das entrelinhas mais do que as literais, algo que, em troca, exige sólido entendimento dos respectivos ambientes e modelos mentais.[17]

Do esforço instintivo ao esforço inteligente: a imitação redefinida

PLATÃO AFIRMAVA QUE UM ARTISTA poderia apenas equiparar as "aparências", e assim nos afastaria da verdade. Ele comparava desfavoravelmente o pintor com o carpinteiro, pois o primeiro está duas vezes distante do original, e insinuava que arte mimética era corrompida, uma atividade substituta exercida por aqueles que eram "impotentes para ser". Da mesma forma, os primeiros estudiosos da arte rotularam a imitação como "mecânica e reprodutiva". Com o tempo, porém, começaram a ver a imitação como algo mais do que simplesmente uma cópia. Assim desenvolveram uma visão da imitação mais complexa e sofisticada, distinguindo as diferentes formas em *semelhante* (a exata similaridade, que é virtualmente impossível de realizar), *imitativa* ou *analógica* (julgada pela comparação com o modelo) e *expressiva* (nem idêntica nem comparável, mas que serve como "símbolo e lembrança daquilo que representa").[18]

Os historiadores, igualmente, partiram de uma visão negativa da imitação, mas com o tempo passaram a vê-la mais como um esforço criativo e intelectual, intimamente ligado a seu suposto contrário, a inovação. Como aquilo que o historiador copia "não está diante dele", escreve Arthur Child: "na medida em que imita, ao mesmo tempo, ele precisa, paradoxalmente, criar".[19] Atualmente, os historiadores veem seu ofício como uma "exposição recitativa" que "estabelece o resultado da investigação como uma sequência de eventos, em imitação ao seu desenvolvimento real", o que leva ao que eles chamam de "história como imitação" e que dá apoio a importantes teorias históricas – entre esses eventos estão a estética, a cultura material e a mudança tecnológica. Essas teorias compartilham a perspectiva que vê a imitação e a inovação como atividades fundidas, mais do que como atividades separadas, contrastantes.[20]

Os biólogos e cientistas cognitivos embarcaram numa jornada semelhante. Inicialmente eles zombaram da imitação como uma habilidade de baixo nível, um comportamento típico de pessoas mentalmente frágeis e dos imaturos, e um processo muito menos exigente que a tentativa e erro individual. Os naturalistas do século XIX tiveram, da mesma forma, uma visão obscurecida, e consideravam a imitação uma "característica de mulheres, crianças, selvagens, dos mentalmente prejudicados e dos animais" que tinham "pouca capacidade de raciocinar por si próprios". Somente no final século XIX a imitação foi apresentada como "a capacidade mais rara e mais cognitivamente exigente". Em 1926, Ellsworth Faris questionava a visão da imitação como "um instinto primitivo". Em vez de um "truque barato", inferior e estúpido, a imitação afinal passou a ser reconhecida como a complexa e exigente "expressão de uma elevada forma de inteligência". Atualmente os biólogos concordam que a imitação é essencial para a sobrevivência, a adaptação e a evolução, pois preenche um nicho vital entre o comportamento "típico das espécies", geneticamente predisposto, e a tentativa e erro individual, o que permite a adaptação a mudanças importantes, como as climáticas, e ainda evita os erros fatais, como resultado da autoexperimentação.[21]

Transformação parecida fica evidente nas ciências comportamentais, em que a imitação – antes definida como qualquer "ação de equiparação ao modelo" – passou a ser vista como uma resposta aprendida, uma busca inteligente por causa e efeito, e uma faculdade especial. Essa faculdade é vista como uma capacidade extraordinária, distribuída desigualmente entre as espécies, subespécies, e indivíduos.[22]

Infelizmente, a estratégia de negócios apega-se à noção de que apenas a inovação é uma habilidade que pode servir de base para a vantagem sustentável. A imitação, como fica subentendido, é uma atividade inferior cuja capacidade é universalmente distribuída.

A cultura de negócios fica para trás

A cultura de negócios fica para trás

A VIDA ECONÔMICA NÃO É fundamentalmente diferente da vida social e biológica. Os economistas reconhecem que "ao observar as empresas bem-sucedidas, os elementos comuns desses êxitos serão associados ao sucesso e copiados pelos outros em sua busca de lucros ou sucesso".[23] O conceito de *cascata de informações* descreve a situação de "quando é favorável para um indivíduo, tendo observado as ações dos que estavam à sua frente, seguir o comportamento do indivíduo antecedente sem considerar as suas próprias informações". Da mesma forma, a *manada racional* descreve como o comportamento imitativo pode ser racional ao repetir rotas que produziram resultados favoráveis.[24] Assim, os economistas adotam (ou devemos dizer – imitam) a visão de que "a regra que se sobrepõe a todas as outras é a que imita a ação de um indivíduo observado".[25]

Embora reconhecendo que a imitação pode ser racional, os economistas e os estudiosos de estratégia que os copiam, raramente veem a atividade como uma busca inteligente; antes, em forte contraste com o consenso nas ciências, eles julgam-na como uma forma de "aprendizado ingênuo". Eles parecem ter esquecido a advertência de Adam Smith de que a imitação envolve engenho e merece "o *status* de uma arte criativa".[26] Em vez disso, adotam as visões de Joseph Schumpeter, que exalta o inovador em termos quase religiosos, afirmando que ele não é motivado pelos "frutos do sucesso", mas pelo "próprio sucesso".[27] Essa é uma coisa boa, pois os lucros tangíveis quase sempre iludem o inovador: como observamos, um importante estudo avaliou o valor líquido atual que os inovadores recebem de suas inovações em meros 2,2%, e como o impulso que elas geram ao desempenho da empresa é temporário.[28] A maior parte do valor parece vir nada mais nada menos do que das "massas" desprezadas por Schumpeter: os imitadores do tipo "eu também".

A visão schumpeteriana é tão dominante que muitos observadores ficam surpresos quando descobrem que líderes da indústria, como os fabricantes da goma de mascar Wrigley e da cerveja Miller Lite, são de fato imitadores bem-sucedidos que afastaram do jogo os agora obscuros inovadores (neste caso, a Black Jack/American Chicle e Rheingold's Gablinger's). Como os reais inovadores já não estão mais por perto, os estudos tendem a subestimar as vantagens da imitação. Quando os *pioneiros perdedores* são incluídos – e eles devem ser muitos, pois pelo menos um estudo mostra-os captando 7% do mercado –, os imitadores conseguem ter pelo menos o mesmo desempenho, e quase sempre são muito melhores que os inovadores. O mesmo é verdade quando os *seguidores iniciais* – de fato, imitadores rápidos – são separados dos pioneiros, junto com os quais são erroneamente agrupados.

Os imitadores também conseguem ter desempenho muito melhor quando os estudos incluem o custo real da inovação, e quando os cenários usam a vida real, em vez de simulações que fazem suposições irreais, como o monopólio perpétuo. Mesmo os estudos que encontram suporte para a vantagem da inovação reconhecem que "o efeito médio não é tão dramático quanto alguns subentenderam", e que "hoje em dia a inovação pode não representar a mesma vantagem competitiva de anos anteriores".[29] Uma revisão da literatura concluiu que "embora a hipótese de uma associação positiva entre as taxas de lucro e a introdução de novos produtos seja amplamente presumida, [existe uma] falta de qualquer suporte empírico forte direto na literatura publicada".[30]

Embora a imitação tenha mostrado repetidas vezes que produz resultados positivos, continua difícil convencer tanto o público acadêmico como os profissionais sobre seu valor.[31] Como Mansfield escreveu: "Há uma tendência [...] de assumir que o inovador recebe todas as vantagens de uma inovação e que a imitação pode ser ignorada. Embora saibamos o quanto essas suposições possam ser convenientes, nossos resultados sugerem que elas se afastam consideravelmente da realidade".[32] Da mesma forma, David Teece descreveu empresas "que trabalham sob a ilusão enganosa de que o desenvolvimento de novos produtos, que atendam às necessidades do consumidor, garantirá um sucesso fabuloso", mas que na realidade "o rápido segundo colocado ou mesmo o terceiro lento podem suplantar o inovador".[33]

Os administradores, igualmente, ficam assustados quando a inovação deixa de funcionar. Como um funcionário de um instituto de pesquisas japonês opinou depois de visitar a Samsung: "Eu me pergunto como e por que, embora o nível de tecnologia global da Samsung continue atrás das empresas japonesas, o rendimento global seja superior ao delas".[34] "A percepção é que se você for realmente muito bom, conseguirá algo mais por conta própria", diz Lionel L. Nowell, antigo vice-presidente sênior e tesoureiro da PepsiCo. Ele acrescenta: "A inovação é o burburinho. A imitação acontece".[35]

A imitação recuperada

A imitação recuperada

POR QUE RAZÃO A IMITAÇÃO é subestimada? A imitação é estigmatizada, entre outras razões, pois é vista como heresia para o que Theodore Levitt chama "o deus da inovação".[36] Ela anda na contramão dos nossos caros ideais de livre arbítrio, autonomia e independência, e assim ameaça nosso sentido de identidade própria e nossa preferência por autonomia e controle.[37]

Essa filosofia desvaloriza a imitação, especialmente nos Estados Unidos, com seu alto nível de individualismo e o invejável recorde de inovações. Das dez principais invenções do século XX, oito – inclusive o rádio, o aparelho de televisão, a transmissão de programas de TV, o carro produzido em massa, o telefone sem fio, o telefone celular comercial e o computador pessoal – tiveram origem nos Estados Unidos.[38] A sociedade norte-americana vê as características inovadoras da nação como sua principal vantagem competitiva, colocando os inovadores em um pedestal, e ensina às crianças que "ser o número dois não é bom o bastante". Ficamos envergonhados em admitir que seguimos algum caminho traçado por outros, em vez de ter, como diz a famosa canção, feito as coisas do "nosso jeito".

No auge da concorrência japonesa, os economistas perguntavam: "Por que razão os norte-americanos são imitadores tão fracos?" em oposição às "imitações criativas" exibidas pelos japoneses.

Eles concluíram que os norte-americanos, obcecados pela inovação, investiram todas as suas energias em pesquisas de P&D, enquanto os japoneses colocaram o foco no desenvolvimento, que envolve pequenas melhorias incrementais, quase sempre utilizando um modelo imitado como base.[39] Depois da Segunda Guerra Mundial, as empresas automotivas japonesas começaram a acabar com os automóveis norte-americanos, cujos fabricantes davam pouca atenção para os então pequenos e insignificantes imitadores. Esses imitadores passaram a dominar produtos que variavam dos robôs industriais aos videocassetes, todos eles originados dos Estados Unidos, mas que foram transformados pelos japoneses em bem-sucedidos novos produtos. Em 1991, as empresas japonesas, as imitadoras, obtiveram 44% de seus lucros de novos produtos, em comparação com apenas 28% das inovadoras empresas americanas.[40]

Ironicamente, os japoneses estavam imitando o que era considerado o "*american way*" antes do deus da inovação se apoderar das empresas norte-americanas. Um relatório de 1968 revelou que não só os Estados Unidos foram responsáveis por 84 das 140 mais significativas inovações da era pós Segunda Guerra Mundial, como ainda as "empresas norte-americanas haviam transformado em produtos comerciais bem-sucedidos os resultados da pesquisa básica e as invenções originadas na Europa. Foram encontrados poucos casos do contrário".[41] Outro estudo concorda que a liderança técnica e comercial das empresas norte-americanas depois da Segunda Guerra Mundial "não dependeu tanto da capacidade de ter invenções originais ou produtos totalmente novos, mas do sucesso no desenvolvimento de uma série de modelos consideravelmente melhorados que incorporavam novas características de design e padrões de desempenho muito mais elevados".[42] Como, claramente, as empresas norte-americanas continuam a ser as principais inovadoras, então é preciso concluir que elas perderam a capacidade de imitar e, com isso, a capacidade de "inovar".

Lembretes

1 A imitação é crítica para a sobrevivência, a evolução e a prosperidade de todas as espécies.

2 A imitação completamente desenvolvida implica o entendimento profundo da estrutura de meios e fins.

3 Antes vista como um instinto primitivo, agora a imitação é vista pelas ciências como um esforço criativo complexo e inteligente que poucos possuem.

4 A cultura de negócios tem ficado para trás, apegada à visão da imitação como uma busca ingênua incapaz de render sucesso sustentável. Nada poderia estar mais afastado da verdade.

5 As empresas americanas deixaram erodir suas características de imitação e perderam a capacidade de "imovar".

NOTAS

1 YANDO, R.; SEITZ, V.; ZIGLER, E. *Imitation*: a developmental perspective. Hillsdale, NJ: Lawrence Elbaum, 1978.

2 TOMASELLO, M., *apud* HURLEY, S.; CHATER, N. Introduction: the importance of imitation. In *Perspectives on imitation*: from neuroscience to social science, eds. S. Hurley e N. Chater. Cambridge, MA: MIT, 2005.

3 DIAMOND, J. *Guns, germs and steel*. Nova York: Norton, 2005.

4 DIAMOND, 2005, p. 407.

5 ROSENBERG, N. *Perspectives on technology*. Nova York: Cambridge University Press, 1976; ROSENBERG, N. *Inside the black box*: technology and economics. Nova York: Cambridge University Press, 1982 *apud* SCHMITZ, J. A. Imitation, entrepreneurship,

and long-run growth. *Journal of Political Economy* 97, 3, 721-739, 1989; PENNINGTON, A. Y. Copy that: in business, imitation is more than a form of flattery. *Entrepreneur Magazine*, mar. 2006.

6 MOKYR, J. *The lever of riches*. Oxford: Oxford University Press, 188, 1990 *apud* BERG, M. From imitation to invention: creating commodities in eighteenth century Britain. *The Economic History Review* LX, 1, 1-30, 2002.

7 MUCKELBAUER, J. Imitation and invention in antiquity: an historical-theoretical revision. *Rhetorica* 3, 61-88, 2003.

8 BERG, M. From imitation to invention: creating commodities in eighteenth century Britain. *The Economic History Review*, New Series, 55, 1, 1-30, 2002.

9 BERG, 2002.

10 SARGENT, W. R. *Send us no more dragons*: chinese porcelains and decorative arts for the western market. Resumo da Conferência. Ohio State University, 3 out. 2008.

11 WESTNEY, E. *Imitation and innovation*: the transfer of western organizational patterns to Meiji Japan. Cambridge: Harvard University Press, 1987.

12 TOMASELLO, M.; KRUGER, A. C.; RATNER, H. H. Cultural learning. *Behavioral Brain Sciences* 16, 495-552, 1993; ZENTALL, T. Imitation: definitions, evidence, and mechanisms *Animal Cognition* 9, 2006; HURELY, S. Imitation, media violence, and freedom of speech. *Philosophical Studies* 117, 165-218, 2004; HURLEY, S.; CHATER, N. Introduction: the importance of imitation, In *Pesperctives on imitation*: from neuroscience to social science, vol. 1, 2007; BYRNE, R. W. Imitation as behavior parsing. *Philosophical Transactions*: biological sciences 358, 1431, 529-536, 2003; ZENTALL, T.; AKINS, C. Imitation in animals: evidence, function and mechanisms. In *Avian visual cognition*, ed. R. G. Cook. Comparative Cognition Press [on-line], 2001. Disponível em: <http://www.pigeon.psy.tufts.edu/avc/akins/>, 2001; BROWN, J. H.; KODRIC-BROWN, A. Convergence, competition and mimicry in a temperate community of hummingbird-pollinated flowers. *Ecology* 60, 5, 1022-1035, 1979; W. H. L. Imitation. *Bulletin of the Torrey Botanical Club* 1, 11, 43, 1870.

13 BONNER, J. T. *The evolution of cultures in animals*. Princeton, NJ: Princeton University Press, 1980; SIROT, E. Mate-choice copying by females: the advantages of a prudent strategy. *Journal of Evolutionary Biology* 14, 418-423, 2001; LOSEY, G. S.; STANTON, F. G.; TLECKY, T. M.; TYLER, W. L. Copying others: an evolutionary stable strategy for mate choice: a model. *American Naturalist* 128, 5, 653-664, 1986.

14 LUDLAM, T. Entrevista com o autor, 8 maio 2008.

15 HURLEY; CHATER, 2007; BLACKMORE, S. *The meme machine*. Oxford: Oxford University Press, 1999; ZENTALL, T. Imitation: definitions, evidence, and mechanisms; Alex the African Grey. *Economist*, 103, 22 set. 2007; IACOBONI, M. *Mirroring people*. Nova York: Farrar, Straus and Giroux, 2008.

16 YANDO; SEITZ; ZIGLER, 1978; BANDURA, A. *Social learning theory*. Englewood Cliffs, NJ: Prentice-Hall, 1977; para uma visão sociológica, ver GOFFMAN, E. *The presentation of self in everyday life*. Garden City, NY: Doubleday, 1959; TOMASELLO, M., *apud* HURLEY; CHATER, 2005; IACOBONI, 2008; MELTZOFF, A.; MOORE, M. K. Imitation, memory and the representation of persons. *Infant Behavior and Development* 17, 83-99, 1994; WOHLSCHLAGER, A.; GATTIS, M.; BEKKERING, H. Action generated and action

perception in imitation: an instance of the ideomotor principle. *Philosophical Transactions Review Society of London* B358, 501-515, 2003 *apud* GFALLESE, V. The manifold nature of interpersonal relations: the quest for a common mechanism. *Philosophical transactions*: biological sciences, 358, 1431, 517-528, 2003.

17 YANDO; SEITZ; ZIGLER, 1978; BYRNE, R. W. Social cognition: imitation, imitation, imitation. *Current Biology* 15, 13, R498-500, 2005; WHITEN, A. The imitative correspondence problem: solved or sidestepped? In *Perspectives on imitation:* from neuroscience to social science, eds. Hurley e Chater, 220, 2005; HURLEY; CHATER, 2007; BYRNE, 2003; RIZZOLATTI, G.; SINIGAGLIA, C. *Mirrors in the brain*: how our minds share actions and emotions. Trans. F. Anderson. Oxford: Oxford University Press, 2008.

18 GOMBRICH, E. H. *Art and illusion*: a study in the psychology of pictorial representation. Nova York: Phaidon, 2002; DANTO, A. C. *The transfiguration of the commonplace*: a philosophy of art. Cambridge: Harvard University Press, 1981; OLSON, E. The poetic method of Aristotle. In *English institute essays*, ed. A. S. Downer. Nova York: English Institute, 1952 (que observa que Aristóteles era mais apreciador da imitação); JENKINS, I. Imitation and expression in art. *Journal of Aesthetics and art Criticism* 2, 5, 42-52, 1942; HARKNESS, B. Imitation and theme. *Journal of Aesthetics and art Criticism* 12, 4, 499-508, 1954; COOMARASWAMY, A. K. Imitation, expression, and participation. *Journal of Aesthetics and art Criticism* 3, 11/12, 62-72, 1945.

19 CHILD, A. History as imitation. *Philosophical Quarterly* 2, 8 (Julho), 193-207, 1952.

20 BERG, 2002.

21 GALEF, B. Breathing new life into the study of imitation by animals: what and when do chimpanzees imitate? In *Perspectives on imitation*: from neuroscience to social science, eds. Hurley e Chater, 296, 2005; HURLEY; CHATER, 2007; MELTZOFF, A. N.; DOCETY, J. What imitation tells us about social cognition: a rapprochement between developmental psychology and cognitive neuroscience. *Philosophical Transactions:* biological sciences 358, 1431, 491-500, 2003; BYRNE, R. W.; RUSSON, A. E. Learning by imitation: A hierarchical approach. *Behavioral and Brain Science* 21, 667-721, 1998; IACOBONI, 2008; BYRNE, R. W. Detecting, understanding, and explaining imitation by animals. In *Perspectives on imitation*, eds. Hurley e Chater, 1-52, 2005; ZENTALL, 2006.

22 BYRNE, 2003; BYRNE, 2005; MELTZOFF, A. N.; PRINZ, W. (eds). *The imitative mind*: development, evolution, and brain bases. Cambridge: Cambridge University Press, 2002; CHAMINADE, T. J.; GREZES, J.; MELTZOFF, J. A PET exploration of neural mechanisms involved in reciprocal imitation. *NeuroImage* 15, 265-272, 2002; KYMISSIS, E.; POULSON, C. L. The history of imitation in learning theory; the language acquisition process. *Journal of the Experimental Analysis of Behavior* 54, 113-127, 1990; HURELY, 2004; YANDO, SEITZ; ZIGLER, 1978.

23 JENSEN, M. *A theory of the firm*: governance, residual claims, and organizational forms. Cambridge: Harvard University Press, 2000.

24 BIKCHANDANI, S.; HIRSCHLEIFER, D.; WELCH, I. A theory of fads, fashion, custom, and cultural change as informational cascades. *Journal of Political Economy* 100, 5, 992-1026, 1992.

25 ALCHIAN, A. A. *Economic forces at work*. Indianapolis: Liberty Press, 1977; BIKCHANDANI, S.; HIRSCHLEIFER, D.; WELCH, I. A theory of fads, fashion, custom and cultural

change as informational cascades. *Journal of Political Economy* 100, 5, 992-1026, 1992; SCHLAG, K. H. Why imitate, and if so, how. *Journal of Economic Theory* 78, 130-156.

26 KANDORI, M. G.; MAILATH, G.; ROB, R. Learning, mutation, and long run equilibria in games. *Econometrica* 61, 29-56, 1993; GREGOIRE, P.; ROBSON, A. Imitation, group selection, and cooperation. *International Game Theory Review* 5, 3, 229-247, 2003; DE MARCHI, N.; VAN MIEGROET, H. J. Ingenuity, preference and the pricing of pictures: the Smith-Reynolds connection. In *Economic engagements with art*, eds. D. De Marchi e C. C. W. Goodwin. Durham: University of North Carolina Press, 379-412 *apud* BERG, 2002.

27 SCHUMPETER, J. *The theory of economic development*. Boston: Harvard University Press, 133, 1934.

28 SCHUMPETER, 1934.

29 MATA, J.; PORTUGAL, P. Life duration of new firms. *Journal of Industrial Economics* XLII, 3, 227-245, 1994; GEROSKI, P. A. *Market structure, corporate performance and innovative activity*. Oxford: Clarendon Press, 1994; COOPER, R. G. The dimensions of new product success and failure. *Journal of Marketing* 43, 93-103, 1979; DILLON, W. R.; CALANTORE, R.; WORTHING, P. The new product problem: an approach to investigating product failures. *Management Science* 25, 1184-1196, 1979; GLAZER, A. The advantage of being first. *American Economic Review* 75, 3, 473-480, 1985; BRYMAN, A. Animating the pioneer versus late entrant debate: an historical case study. *Journal of Management Studies* 34, 3, 415-438, 1997; GOLDER, P. N.; TELLIS, G. J. Pioneer advantage: Marketing logic or marketing legend? *Journal of Marketing Research* 30, 158-170, 1993; MITCHELL, W. Dual clocks: entry order influences on incumbent and newcomer market share and survival when specialized assets retain their value. *Strategic Management Journal* 12, 85-100, 1991; CARPENTER, G. S.; NAKAMOTO, K. Consumer preference formation and pioneering advantage. *Journal of Marketing Research* 26, 285-298, 1989; SCHMALENSEE, R. Product differentiation advantages of pioneering brands. *American Economic Review* 72, 3, 349-365, 1982; KERIN, R. A.; VARADARAJAN, P. R.; PETERSON, R. A. first mover advantage: a synthesis, conceptual framework, and research propositions. *Journal of Marketing* 56, 33-52, 1992 *apud* CHO, D. S.; KIM, D. J.; RHEE, D. K. Latecomer strategies: evidence from the semiconductor industry in Japan and Korea. *Organization science* 9, 4, 489-505, 1998; ROGERS, E. M. *Diffusion of innovations*. Nova York: The Free Press, 1995; MAKADOK, R. Can first-mover and earlymover advantages be sustained in an industry with low barriers to entry/imitation? *Strategic Management Journal* 19, 983-996, 1998; BARRO, R. J.; Sala-I-Martin, X. Technological diffusion, convergence, and growth. *Journal of Economic Growth* 2, 1-27, 1997; ROBINSON, W. T.; KALYANARAM, G.; URBAN, G. L. First-mover advantages from pioneering new markets: a survey of empirical evidence. *Review of Industrial Organization* 9, 1-23, 1994; SUAREZ, F. F.; LANZOLLA, G. The role of environmental dynamics in building a first mover advantage theory. *Academy of Management Review* 32, 2, 377-392, 2007; SZYMANSKI, D. M.; KROFF, M. W.; TROY, L. Innovativeness and new product success: insights from the cumulative evidence. *Journal of the Academy of Marketing Sciences* 35, p. 49, 2007.

30 MCEVILY, S.; CHAKRAVARTY, B. The persistence of knowledge-based advantage: an empirical test for product performance and technological knowledge. *Strategic Management Journal* 23, 285-305, 2002 *apud* LEWIN, A.; MASSINI, S. Innovators and imitators:

organizational reference groups and adoption of organizational routines. Comunicação apresentada na Druid Summer Conference on Creating, Sharing and Transferring Knowledge, Copenhagen, p. 14, 12 a 14 junho de 2003; BAYUS, B. L.; ERICKSON, G.; JACOBSON, R. The financial rewards of new product introductions in the personal computer industry. *Management Science* 49, 2, 197-210, 2003.

31 ROSENBERG, N. *Perspectives on technology*. Cambridge, Reino Unido: Cambridge University Press, 1976.

32 MANSFIELD, E.; SCHWARTZ, M.; WAGNER, S. Imitation costs and patents: An empirical study. *Economic Journal* 91 (dez.), 907-918, 1981.

33 TEECE, D. J. Profiting from technological innovation: implications for integration, collaboration, licensing and public policy. In *The competitive challenge*: strategies for industrial innovation and renewal, ed. D. J. Teece. Cambridge, MA: Ballinger, 1986.

34 CHO, H. H.; JEONG, B.; LIM, S. The digital conqueror: Samsung Electronics. Seoul: Maeil Economics News Press (em coreano), 2005 *apud* CHANG, S. J. *Sony vs. Samsung:* the inside story of the electronics giants' battle for global supremacy. Hoboken, NJ: Wiley, 2008).

35 NOWELL, L. Entrevista com o autor, 12 jan. 2009.

36 LEVITT, T. Innovation and imitation. *Harvard Business Review*, 63-70, set.-out. 1966.

37 IACOBONI, 2008; HURLEY; CHATER, 2005.

38 COMIN, D.; HOBIJN, B. *Cross-country technology adoption*: making the theories face the facts. Federal Reserve Bank of New York Staff Reports n. 169. Washington, DC: Federal Reserve Bank, 2003.

39 ROSENBERG, N.; STEINMUELLER, W. E. Why are Americans such poor imitators? Papers and proceedings of the 100th *Annual Meeting of the American Economic Association*, 229-234, 1988.

40 Idem; DUMAINE, B. Closing the innovation gap. *Fortune*, 2 dez. 1991 *apud* ARAYAMA, Y.; MOURDOUKOUTAS, P. *China against herself*: innovation or imitation in global business? Westport, CT: Quorum, 1999.

41 OECD. *Gaps in technology:* general report. Paris: OECD, 14, 1968 *apud* GODIN, B. The rise of innovation surveys: measuring a fuzzy concept. Project on the History of Sociology of STI Statistics, Working Paper n. 16. London: Routledge.

42 Idem; FREEMAN, C. Research and development in electronic capital goods. *National Institute of Economic Review* 14, Novembro, 40-97, 1965 (também citado por USSELMAN, S. W. IBM and its imitators. *Business and Economic History* 22, 2, p. 17, 1993).

A era da replicação

replicação

A MÃO DE OBRA BARATA PERMITE QUE OS PAÍSES EM DESENVOLVIMENTO REDUZAM A DEFASAGEM TECNOLÓGICA POR MEIO DA IMITAÇÃO DE PRODUTOS, MESMO QUE SEU NÍVEL DE TECNOLOGIA INICIAL SEJA MUITO ATRASADO.

Hitoshi Tanaka, 2006

Jared Diamond escreve que as sociedades tendem a imitar quando sentem que estão em desvantagem, mas podem se dar ao luxo de ficar de fora da briga onde a concorrência está ausente. O Japão, por exemplo, pôde rejeitar a tecnologia militar das armas de fogo, há várias centenas de anos, já que naquela época estava isolado do resto do mundo.[1]

Nenhuma nação ou empresa desfruta desse luxo atualmente. Globalização significa que ninguém está imune à pressão competitiva e que as empresas que falham tanto na invenção como na adoção (e eu afirmo, em ambas as coisas), correm o risco de ficar fora do jogo. As rápidas mudanças tecnológicas levam produtos e modelos à obsolescência, e tornam os inventores e os primeiros proponentes vulneráveis a variantes melhoradas ou a armadilhas mais novas. As proteções legais enfraqueceram, ao mesmo tempo que a codificação, a padronização, as novas técnicas de fabricação e a crescente mobilidade dos empregados tornaram a imitação mais fácil. Os gostos são convergentes, como no caso dos livros, guiados pelas listas dos mais vendidos que induzem as pessoas a ler aquilo que milhões de outros escolheram para ler antes delas, e os autores replicam temas de sucesso na esperança de que seus livros, igualmente, vendam bem.[2]

Com o desenvolvimento de um novo remédio custando um bilhão de dólares e o modelo de um carro novo duas vezes isso, cresceu a tentação de se apropriar do *know-how* de uma empresa sem pagar o preço integral, sem investir no custo total, ou sem perder tempo esperando que os esforços internos produzam resultados e, ainda, ter de assumir o risco de um resultado negativo. Até mesmo a indústria de capital de risco, um esteio da inovação, quase sempre endossa projetos baseados na imitação como um jeito de baixar o risco global de seu portfólio; por exemplo, inúmeros imitadores do YouTube na China foram financiados por capital de risco. Como James J. O'Brien, presidente e CEO da Ashland, observa: "Seja o que for que tenha o porte e a escala na proporção do mercado e vários canais de distribuição onde seja possível colocar o produto ou oferecer aquilo que os consumidores estão procurando, será imitado".[3]

A confluência de muitos fatores, da globalização à codificação do conhecimento, continua em jogo e é isso que faz do atual período a era da imitação. Um ímpeto adicional vem da ampliação e do surgimento de novos canais que possibilitam transferir o conhecimento. Nessa junção inédita, a imitação, amplamente difundida como sempre foi, está se tornando ainda mais viável para uma vasta gama de produtos, serviços, processos e modelos de negócios, além de ser mais atrativa em termos de custos, vantagens e potencial de retorno.

Essa realidade emergente, em troca, posiciona a imitação como um componente estratégico essencial que as empresas negligenciam por sua conta e risco. Como Steve Dunfield, antigo executivo da HP e que agora chefia o próprio negócio, coloca o fato: "Os dias da mentalidade de pensar grande se foram, e a imitação inteligente entra em cena como uma estratégia eficaz".[4]

Neste capítulo, eu explico por que a imitação está em alta e por que é provável que se torne mais difundida e mais eficaz em termos de custos no futuro. Começo analisando os principais condutores da imitação e depois discuto alguns dos principais canais pelos quais ela ocorre. E concluo discutindo o enfraquecimento das defesas tradicionais que mantinham a imitação sob controle, mas que agora estão desgastadas (você descobrirá mais a respeito das defesas contra a imitação no Capítulo 7). Esta revisão prepara o terreno para o Capítulo 4, no qual nos dedicaremos a vários dos principais casos de imitação de negócios.

A globalização e o novo campo de jogo da imitação

COMO A POPULAÇÃO MUNDIAL continua a crescer, ela gera "mais inventores em potencial, mais sociedades concorrentes, mais inovações disponíveis para adotar – e maior pressão para adotar e reter inovações, pois as sociedades que falharem ao fazer isso tendem a ser eliminadas pelas sociedades concorrentes".[5] Ao colocar mais jogadores em campo, a globalização produz efeito similar: ela aumenta imensamente o número e a diversidade de participantes do mercado, revertendo oligopólios que foram criados há décadas.

Para observar essa tendência, tudo que você precisa fazer é dar uma olhada no mercado norte-americano de automóveis, que no passado era dominado por três grandes montadoras do país (apelidadas de *Big Three*), mas agora é um quadro fragmentado de incontáveis fabricantes, com outros mais a caminho. Inicialmente confinados à baixa qualidade, os fabricantes japoneses agora estão firmemente estabelecidos no segmento de luxo, apesar de reter fortes posições nos níveis populares e intermediários, com as marcas sul-coreanas almejando seguir o mesmo caminho. Novos concorrentes, como a Chery (China), e antigos, como a Peugeot (França), aguardam no acostamento a oportunidade de ingressar, somando--se à desconcertante fila de concorrentes.

Quadros parecidos emergem em outras indústrias. Na indústria farmacêutica, a China e a Índia possuem juntas mais de 20 mil empresas, algumas das quais destinadas a se tornar competidores importantes. Com habilidades e equipamentos para tornar os genéricos mais amplamente disponíveis, esses recém-chegados vão fazer os preços cair, ameaçando os fabricantes de genéricos, tanto os inovadores como os líderes. Na indústria de brinquedos, a Mattel e a Hasbro devem continuar a manter a fatia dominante do mercado (7,8% e 5,3%, respectivamente, em 2007, pelo Data Monitor), mas pode ser apenas uma questão de tempo antes que uma das milhares de empresas chinesas, que fazem 80% dos brinquedos do mundo, alcancem as fileiras das empresas globais registradas.[6]

Até mesmo a fabricação de jatos comerciais, uma indústria que exige investimento intensivo em capital e tecnologia, e que era dominada por duas empresas (Boeing e Airbus), está sentindo a pressão dos novos concorrentes, como a brasileira Embraer e a canadense

Bombardier, fabricantes de jatos comerciais e regionais, cujos modelos grandes competem com os produtos da Boeing e da Airbus. Logo elas serão alcançadas por um fabricante chinês de jatos regionais, cujo produto está prestes a fazer seu voo de estreia, e um consórcio chinês que está com a intenção de construir uma grande aeronave comercial a partir do leito favorável do mais lucrativo mercado do mundo – ao contrário do malfadado Y-10, a cópia chinesa do Boeing 707, este aparelho pode emplacar no mercado.

Os novos participantes dos mercados emergentes confiam fortemente na imitação para compensar a falta de capital e de *know-how*, e a economia de custos que conseguem obter – ao pularem a etapa de P&D pela adoção de tecnologias preexistentes mas novas no mercado ou novas nas empresas – é crucial para estabelecerem a vantagem competitiva. Nos últimos 20 anos, as economias do leste asiático mais do que quadruplicaram sua fatia no valor agregado da manufatura, e esse número não inclui a Índia e o Brasil, entre outros; com essas economias em crescimento, esses competidores estão mais em evidência do que nunca.

A manutenção menos dispendiosa da infraestrutura das novas tecnologias (como os telefones celulares, os computadores e a internet), que podem ser facilmente combinadas com tecnologias mais antigas, também ajuda.[7] Uma vez obtida a tecnologia, os recém-chegados superam as barreiras de lançamento impulsionando baixos salários, regulamentação indulgente, mercado interno protegido e em crescimento, e a tendência das autoridades locais de fechar os olhos para a violação de direitos de propriedade intelectual (DPI). Algumas dessas empresas no fim se tornarão pelo menos inovadores incrementais, mas a maioria delas continuará a confiar na imitação como estratégia central. Tudo o que lhes faltar em experiência e habilidade, elas substituirão por persistência e pela tentativa e erro implacáveis. Como Carl Kohrt, presidente e CEO da Battelle, costuma dizer, essas empresas revertem o enunciado da famosa equação 80/20: eles podem fazer coisas erradas 80% do tempo, mas tentarão 80 vezes até dar certo.[8]

Os agricultores da Idade da Pedra precisaram de milhares de anos de experimentação com metais mais macios e fornos de barro simples antes de aprender a trabalhar com o ferro.[9] Atualmente conhecimentos vitais podem ser transferidos, e quase sempre absorvidos, em questão de anos. Não obstante as regras da Organização Mundial do Comércio (OMC), os governos das economias emergentes, com crescimento acelerado, estão em posição de reclamar transferência de tecnologias para empresas nacionais: entre 1999 e 2004, a intensidade média de P&D de filiais de multinacionais subiu de 2,5 para 3,6%. Na China, a intensidade de P&D das filiais americanas supera 9%, e os indícios são de que a tendência vai acelerar.[10]

Ao mesmo tempo, as empresas dos mercados emergentes investem no exterior para conseguir ativos tecnológicos por meio de fusões e aquisições. A crise financeira global acelerou consideravelmente essa tendência. Só na indústria automotiva, as empresas chinesas estão se oferecendo para adquirir algumas montadoras bem conhecidas, como a Hummer e a Volvo. As economias de mercado emergentes também estão incrementando a educação científica e tecnológica interna, e enviam seus melhores e mais brilhantes talentos para o mundo desenvolvido, onde eles são expostos aos conhecimentos e às práticas das empresas líderes e aos comportamentos de consumidores de países ricos.

Atualmente, chineses e indianos compõem os dois maiores contingentes de estudantes estrangeiros nos EUA, especialmente nos programas norte-americanos de graduação em engenharia, nos quais quase sempre os estudantes internacionais são a maioria. Esses estudantes, muitos dos quais permanecem alguns anos no país para ganhar experiência prática, provavelmente voltarão para casa, persuadidos pelas oportunidades de crescimento e estimulados pelos incentivos oferecidos pelos governos. O índice de retorno entre os graduados chineses é superior a 30% e está aumentando, enquanto para os sul-coreanos já supera 90%. O influxo melhora ainda mais a capacidade de as economias emergentes absorverem, em vez de meramente obterem, novas ideias de tecnologias e produtos e de se envolverem em imitações criativas, baseadas em fortes características de diferenciação, em vez de apenas o preço.

A modularização da cadeia de valores

A modularização da cadeia de valores

A MODULARIZAÇÃO DA CADEIA de valores reduz o patamar para os novos concorrentes, que antes tinham de pagar bilhões de dólares, acumular décadas de experiência e construir sólidas reputações antes de poder investir num mercado intenso em tecnologia e capital. Por exemplo, a modularização da tecnologia do telefone celular em circuitos de rádio frequência, chips RISC e programas aplicativos permitiu que os recém-chegados chineses (como Ningbo Bird e Amoy) combinassem módulos de terceiros com a *expertise* do *design* coreano para captar mais da metade do mercado chinês.[11]

A Spreadtrum, uma empresa com sede em Xangai e no Vale do Silício, reúne semicondutores, software, multimídia, e habilidade poderosa para oferecer uma solução sem fio completa em um único chip. A plataforma permite que as operadoras de telefonia celular entrem rapidamente no mercado, a baixo preço e com um pacote padrão diferenciado pelos serviços e pela aparência externa. Isso torna muito mais fácil a tarefa dos aspirantes a imitadores, além de mais rápida e mais barata.

O mesmo fenômeno pode ser visto em produtos de outros segmentos: a Vizio, marca de aparelhos de televisão de tela plana de preço baixo, foi fundada com investimento de apenas 600 mil dólares. A empresa, que agora domina 12,4% do mercado norte-americano – quase a mesma parcela da venerável Sony – abstém-se de investir em P&D ou em fabricação. Ela contrata um de seus associados, uma *Original Equipment Manufacturer* (OEM) de Taiwan, que monta produtos para outras marcas, para montar os produtos e vende em grandes varejistas como a Costco e o Sam's Club do Walmart, que lhe fornecem conhecimento do mercado, embalagem e distribuição. Isso permitiu à Vizio praticar preços abaixo dos concorrentes e rapidamente construir uma escala que gera ainda mais vantagens de preço.[12]

A entrada de empresas como a Vizio em um campo saturado, que outrora exigiria bilhões de dólares em investimentos e o desenvolvimento de uma sólida base tecnológica, foi facilitada pela onda de *outsourcing* (a produção por meio de fontes externas), que dispersa conhecimentos e recursos que no passado ficavam restritos a uma só empresa. A dispersão chegou acompanhada por aglomerações de fornecedores, cujos sistemas flexíveis permitem a produção rentável de pequenos lotes, e cuja pronta disponibilidade torna as coisas ainda mais fáceis para os novos competidores. "Há lugares na China em que quarteirões de uma cidade reúnem exclusivamente o material necessário para fabricar sapatos”[13], relata o dono de uma fábrica de sapatos norte-americanos que mudou suas operações para lá. “Nesse lugar, é possível comprar 10 ou 10 mil pares de cadarços”.

Normalmente, os fornecedores começam atendendo encomendas de terceiros, mas muitos partem para a imitação e desenvolvem negócios independentes. Inicialmente, eles simplesmente replicam as mercadorias que fazem para as empresas de produtos finais, mas em seguida, gradualmente, modificam o produto ou reduzem os preços, quando trabalham diretamente com grandes varejistas. Caso lhes falte insumos de ponta importantes, eles podem terceirizar a produção por meio de *outsource* de competidores de países desenvolvidos, ansiosos para maximizar o retorno de seus ativos intelectuais, como aconteceu com a Samsung antes se tornar uma inovadora propriamente dita, e como os atuais fabricantes de aeronaves chineses e russos fazem quando se abastecem nos Estados Unidos e na Europa. Ajudados pela relutância de muitos compradores com relação a assinar acordos de fornecimento exclusivos, as empresas OEM quase sempre transferem o *know-how* adquirido para outro comprador ou se apropriam dele, especialmente em países onde as proteções legais são fracas. Como resultado, rompem as barreiras contra a capacidade da imitação, especialmente (mas não apenas) para os produtos de consumo.

A codificação do conhecimento

A codificação do conhecimento

O PRINCIPAL FATOR DA VIABILIDADE acentuada e dos menores custos da imitação é a *codificação*: a transformação de conhecimentos casuais e mal estruturados em um código estruturado e unificado.

A difusão da automação de baixo custo torna possível codificar e quantificar vastas áreas de registro de informações e transforma o conhecimento num produto de consumo (ou *commodity*) que pode ser comprado, vendido e replicado.

As informações codificadas são retratadas em plantas ou fórmulas de fácil armazenamento, recuperação, utilização e transferência por uma fração do custo de produção, com mais velocidade, exatidão e consistência. Com os avanços nas comunicações eletrônicas, até mesmo os custos cambiantes da codificação têm caído, então a rentabilidade aumenta com o uso, criando incentivos para codificar ainda mais.

Isso é especialmente verdadeiro nos grandes sistemas necessitados de "recombinação, reutilização e acumulação" e que estão lidando com problemas complexos.[14] E, graças às técnicas de simulação e à inteligência artificial, até mesmo o conhecimento tácito preexistente pode ser codificado.[15] O impulso final rumo à codificação vem da difusão da certificação do padrão universal, das *benchmarks*, das melhores práticas e das consultorias que as disseminam. Ao contratar um consultor, diz Clayton C. Daley Jr., antigo vice-presidente e CFO de Procter & Gamble: "em geral você está contratando alguém que vai lhe dizer em algumas palavras o que outra pessoa faz".[16]

A codificação transforma o conhecimento em um produto de consumo que pode ser comprado (ou apropriado), vendido e, é claro, replicado. Como os biólogos observam, a codificação comum facilita a imitação, pois evita a necessidade da tradução sensorial para a motora.[17] Os padrões globais, como as normas ISO, criam uma linguagem universal que permite a codificação e melhoram a transparência operacional.[18]

Uma vez que a "linguagem do modelo" tenha sido desenvolvida e que os custos fixos tenham sido amortizados, tornam-se proibitivos os custos de desenvolvimento do *conhecimento privado*, isto é, de uma linguagem protegida que apenas um competidor pode utilizar.[19] Ter uma linguagem protegida também impede o aprendizado dos outros, como a Procter & Gamble descobriu ao intercambiar equipes com o Google.[20] Com o custo de codificação caindo, sobe o valor do conhecimento codificado e o custo global do conhecimento declina.[21]

Em sistemas muito grandes que coordenam as atividades complementares de muitos agentes, a eficácia dos ganhos da codificação é especialmente ampla.[22] O mesmo é válido quando um processo exige recombinação, reutilização e acumulação, quando memória e recuperação extensivas são necessárias, e quando o trabalho dos agentes exige descrição detalhada. A eficácia aperfeiçoada e os custos reduzidos da armazenagem são especialmente importantes quando ocorrem problemas complexos que exigem capacidade substancial de memória, cuja codificação também se beneficia das melhorias nas técnicas de modelagem e simulação. Ao desenvolver programas que podem revelar características críticas de estímulos por conta própria, a inteligência artificial tornou possível a codificação do conhecimento tácito preexistente.[23] Isso está em desacordo com o paradigma dominante da estratégia, que assume que o conhecimento tácito, que é difícil de ser desvendado e decifrado pelos outros, é um obstáculo à toda prova para os aspirantes a imitadores.

A mesma codificação que facilita para uma determinada empresa coordenar suas várias divisões, monitorar suas atividades, estudar e melhorar seus processos internos, torna a reprodução e a cópia pelos outros mais fácil, mais exata e muito menos dispendiosa. Como resultado, quanto mais codificado e padronizado for o sistema, mais fácil será de ser decifrado e depois replicado por outros. Como Tom Ludlam da Prologue observa, não admira que os medicamentos sob prescrição, que são os mais consistentes na produção, também sejam os mais suscetíveis de ser imitados.[24]

Os canais da imitação

Os canais da imitação

Existem muitos canais que facilitam a imitação. Nos itens a seguir, faço algumas considerações sobre cada um deles. Embora de natureza distinta, todos servem para difundir o conhecimento para os aspirantes a imitadores, e todos veem seu alcance ampliado, fornecendo sempre mais oportunidades de imitação.

Sócios, cuidado!

Quando o conhecimento não é acessível para a codificação, nem facilmente alcançável, as empresas buscam outras que forneçam aquilo que lhes falta. As alianças, cujos números têm crescido dramaticamente em décadas recentes, são tidas como os veículos de aprendizado mais eficazes, especialmente pela absorção dos conhecimentos tácitos. Isso é especialmente válido para os empreendimentos de capital conjunto, que permitem a *coabitação*, na qual os especialistas e os executivos de ambas as partes passam longo tempo juntos, compartilham a supervisão das operações e trabalham em conjunto para resolver problemas complexos.

No entanto, é exatamente essa vantagem que torna o detentor do conhecimento vulnerável. Os sócios da aliança estratégica, que não são concorrentes declarados, podem chegar a tanto, ou podem transferir o conhecimento para terceiros, que então imitam o produto, o serviço ou o modelo de negócios. E mesmo que alguns consultores argumentem que a maneira de impedir o vazamento de tecnologia seja simplesmente evitar as alianças, infelizmente nem sempre essa tática é viável. Mesmo que estejam formalmente comprometidos no nível do campo de jogo, quase sempre os governos fornecem incentivos para inclinar o prato da balança em favor de uma aliança e a crescente complexidade dos negócios globais implica que nem sempre a cooperação pode ser impedida.

Pegue o conhecimento e corra

A ARTE DE FABRICAR PAPEL, que os imitadores tentaram decifrar sem êxito por séculos, foi transferida para fora da China quando um exército árabe derrotou os chineses em uma batalha que data de 751 d.C. Ao saber que fabricantes de papel estavam entre os prisioneiros de guerra, os árabes os levaram para Samarkand para instalar uma operação de fabricação de papel.[25] No final do século XIX, o Japão do período Meiji empregou mais de 2.400 pessoas de 23 países como estratégia para adquirir modelos organizacionais desejáveis; um século depois, os sul-coreanos que retornaram dos EUA levaram com eles os conhecimentos que permitiram à Samsung e à LG competir com fabricantes norte-americanos de semicondutores.[26]

Nos Estados Unidos, os níveis de rotatividade dos empregados são elevados e crescentes. Em 1983, o tempo médio de serviço dos funcionários administrativos e profissionais era de 4,8 anos; de 1983 a 1998, o tempo médio de serviço dos engenheiros caiu 16%.[27] Apesar das cláusulas de não concorrência, são abundantes os exemplos de executivos que saem para começar um negócio concorrente ou para se juntar às fileiras dos concorrentes, levando com eles *know-how* crítico. Bray, um estúdio de animação pioneiro, perdeu a vantagem quando seus animadores saíram para criar seus próprios estúdios ou se juntar aos concorrentes. A Fairchild viu três de seus melhores cientistas saírem para formar a Intel, como aconteceu com o Centro Nacional de Aplicativos em Supercomputação da Universidade de Illinois quando Marc Andreessen saiu para ser co-fundador da Netscape.[28]

A despeito das afirmações dos estudiosos de estratégia de que o conhecimento complexo e tácito reside em rotinas e práticas "empacotadas" que não podem ser transferidas, a rotatividade dos empregados facilita transferência de conhecimento e, portanto, a imitação. As evidências mostram que mesmo um único membro do quadro de pessoal pode estar em posição de transferir informações avançadas e complexas. Por exemplo, todas as equipes que trabalharam na construção de um laser que funcionasse tinham pelo menos um membro de um laboratório onde esse aparelho havia sido desenvolvido e operado antes.[29] O empacotamento também falha na prevenção da perda de conhecimento quando uma equipe inteira é pescada ou recrutada, uma prática cada vez mais comum nos setores financeiros e tecnológicos. Tanto a Apple como o Yahoo!, por exemplo, em anos recentes, recrutaram equipes inteiras da Motorola, quando ela saiu do negócio pelo qual se interessavam.

A ascensão dos polos de imitação

A IDEIA DE *POLOS INDUSTRIAIS* foi popularizada por Michael Porter Harvard, que argumentava que a concentração dos competidores e das indústrias que lhes servem de apoio fornecia vantagem competitiva. Os polos têm sido elogiados pela capacidade de apoiar a inovação, pois fornecem infraestrutura, conhecimento e intercâmbio intelectual, que são úteis para a incubação de novas ideias. Exemplos incluem o Vale do Silício, a Rota 128 em Boston, Cambridge no Reino Unido e Herzliya-on-the-Sea em Israel.

Os *polos de imitação* também são compostos de grande número de indústrias concorrentes em estreita proximidade; porém, ao contrário dos polos de inovação, os polos de imitação não se formam em torno de universidades de pesquisa de ponta, mas em torno de escolas técnicas e centros de pesquisa aplicada. A maioria delas está organizada em agrupamentos industriais, como telefones celulares em Shenzhen ou instrumentos de cordas em Donggaocun, ambos na China (os polos especializados em mercadorias falsificadas – que estão se propagando na China e no Vietnã, entre outras nações – estão fora do âmbito desse livro, embora também facilitem a imitação).

Embora a ideia dos polos de inovação tenha impressionado, o surgimento dos polos de imitação, de modo geral, passou despercebido. Como ocorre com seus correlatos da inovação, os polos de imitação fornecem um aglomerado de vantagens, que variam da economia nos custos de pesquisa e acesso a conhecimentos complementares à redução dos custos de produção e à realização de economias de escala. As empresas lucram observando as outras.

A rivalidade e a pressão dos vizinhos provocam o compartilhamento das informações, e os competidores fracos são eliminados. As vantagens da fabricação em escala são mais significativas para os imitadores do que para os inovadores, pois os imitadores confiam em sistemas codificados que são facilmente multiplicados e podem rapidamente elevar a produção aos ganhos de escala.

As pressões dos preços, que forçam as empresas a cortar custos aumentando a produtividade, são especialmente valiosas quando alguém compete no preço e precisa responder rapidamente ao obstáculo. Por exemplo, os polos de roupas na província chinesa de Guangdong possuem a vantagem de ter por perto os produtores de tecidos e de tinturas, o que permite a rápida reprodução de *designs* "emprestados" tão logo sejam lançados.

O enfraquecimento da defesa contra as réplicas

O enfraquecimento da defesa contra as réplicas

As organizações que possuem propriedades intelectuais valiosas desenvolveram maneiras e meios próprios de se defender contra as réplicas. Mas, com o tempo, essas defesas enfraqueceram por vários fatores. Nos itens a seguir, comento esses fatores e também o desgaste de suas habilidades para proteger os pioneiros e os inovadores dos pretensos seguidores.

A porosidade do escudo da marca

O *patrimônio da marca* pode ser o objeto do desejo de todos, mas a marca não é considerada uma barreira a toda prova contra a imitação. Como os executivos da Sony podem lhe dizer, a marca pode perder seu brilho, e em setores como a indústria automotiva as marcas estiveram em baixa por algum tempo. De modo crescente, os consumidores estão buscando preço, e eles tendem a associar isso aos produtos sem marca. As marcas podem ser adquiridas por algum motivo, e existe uma longa lista delas – das TVs Schneider, GE e RCA ao ThinkPad – que foram adquiridas ou licenciadas para uso após uma aquisição.

Nem as marcas poderosas protegeram as empresas farmacêuticas do ataque devastador dos genéricos. O segmento de remédios com crescimento mais rápido é o dos genéricos sem marca, que em 2005 respondiam por mais da metade das prescrições receitadas nos Estados Unidos, contra um terço de seis anos antes; os grandes perdedores foram os medicamentos com marca forte, embora os genéricos registrados também tenham mostrado um modesto declínio.[30]

Enquanto isso, os fabricantes de genéricos foram além da mera cópia e refinaram as fórmulas originais. Alguns, como a israelense Teva, usam os lucros gerados pelos genéricos para expandir em direção a medicamentos inovadores; ao mesmo tempo, alguns fabricantes farmacêuticos, como a Sandoz, expandiram para os genéricos. Os fabricantes de genéricos também expandiram para biossimilares, que imitam os mais recentes medicamentos biotecnológicos.[31] Em muitas outras categorias de produtos e serviços, os substitutos sem marca estão crescendo rapidamente, e durante as depressões econômicas, como a de 2008-2009, é provável que a fatia deles continue a crescer.

O declínio das marcas pode ser observado considerando o surgimento de produtos de marca própria. A ACNielsen relata que entre 2007 e 2008 as vendas das marcas próprias cresceram 10% em comparação com 2,8% dos outros produtos. Nos Estados Unidos, as marcas de lojas respondem por 22% das vendas dos supermercados, e em algumas categorias de produtos elas têm um terço do mercado.[32]

Os produtos com marca própria continuam a ter espaço para crescer, especialmente na Ásia e em mercados como a China, onde a fidelidade à marca é notoriamente fraca, mas também nos mercados desenvolvidos, onde o consumidor afoito está cada vez mais desejoso de abster-se da segurança e do conforto embutidos na marca familiar. Muitas mercadorias com marca própria são feitas pelos fabricantes registrados: de acordo com Chris Connor, presidente e CEO da Sherwin-Williams, apenas uma empresa na indústria de tintas, a Benjamin Moore, não produz para o mercado com marca própria. Porém, muitas mercadorias com marca própria são colocadas no mercado pelos imitadores; é uma forma de estar nas prateleiras sem precisar investir tempo e dinheiro no desenvolvimento de uma boa reputação, nem estabelecer uma cadeia de fornecimento, e sem precisar providenciar distribuição, serviço de atendimento e apoio.

A erosão da proteção legal

A PROTEÇÃO DA PATENTE GERALMENTE aumenta o custo e o tempo de lançamento da imitação, embora não muito. Em um estudo quase sempre citado, a variação de custo é de 7% para produtos eletrônicos, 20% para produtos químicos e 30% para a indústria farmacêutica. Em média, a defasagem variou de 6% a 11%; defasagens de quatro anos ou mais foram relatadas em apenas 15% dos casos examinados.[33] Durante o período em que o produto ou processo é patenteável pela primeira vez, o registro pode ser contestado ou contornado. Além disso, o custo do registro pode ser proibitivo – especialmente para a cobertura mundial (Tratado de Cooperação em Matéria de Patentes, PCT – Patent Cooperative Treaty) – ou pode faltar alguma lei.

Os replicadores podem copiar um produto ou processo legalmente, maquiá-lo e requerer a patente com base em uma versão levemente diferente, enquanto os detentores das patentes raramente podem estender a cobertura a produtos relacionados. Em muitos países, as patentes e as marcas registradas são conferidas ao primeiro da fila (e não ao primeiro a inventar), fornecendo cobertura legal para as cópias, e os tribunais quase sempre se inclinam para os competidores domésticos. Por exemplo, os juízes chineses quebraram a patente doméstica da Pfizer para o principal ingrediente do Viagra com o argumento de que um concorrente local registrou-o primeiro na China; outra empresa chinesa está processando o Google por utilizar a versão chinesa do nome, que o reclamante afirma ter requerido primeiro. Requerer a inscrição local pode ser contraproducente; um estudo japonês de investimentos externos diretos na China concluiu que o registro de patentes e marcas realmente facilitava a cópia ao repassar informações sobre os produtos aos concorrentes.[34]

Os direitos de propriedade intelectual também sofrem o ataque de coalizões com raio de ação que varia dos governos dos mercados emergentes às ONGs e adversários influentes como o economista Joseph Stiglitz. Os governos dos países em desenvolvimento têm se apropriado unilateralmente dos direitos de patente de determinados medicamentos sob prescrição, impondo licenciamento obrigatório e "uso permissível". Decisões de tribunais têm questionado a validade da doutrina dos equivalentes, que concedia proteção aos detentores de patente além de seu domínio literal, e as decisões desses tribunais têm facilitado a invenção contornada.

A legislação antitruste deu sua contribuição: os inúmeros imitadores das copiadoras Xerox não existiriam se o governo norte-americano não tivesse forçado a empresa a compartilhar sua tecnologia. Algumas coisas não podem ser protegidas. Por exemplo, a menos que a Lei de Proibição de Pirataria de Design (Design Piracy Prohibition Act) seja ratificada, a lei norte-americana não protege o *design*, exceto se ele tiver um significado secundário – isto é, se os consumidores virem isso como indicação da marca.

A Suprema Corte também está considerando um recuo da proteção concedida às patentes de métodos de negócios, uma ação que deve abrir esses métodos para a imitação mais ampla. Em junho de 2008, a Corte rejeitou um processo da LG, fabricante coreana de produtos eletrônicos, sobre o uso de uma patente preexistente licenciada pela Intel para uma empresa de Taiwan, limitando ainda mais o âmbito da proteção de patentes quando se trata de terceiros. Outro projeto de lei do Congresso facilitaria o acesso a obras "sem dono" (para as quais o detentor não pode ser localizado). Todos esses desenvolvimentos corroem o poder da proteção legal sem sequer considerar a violação desenfreada que pode ser encontrada em muitas partes do mundo, e que agora também se encontra nos mercados de exportação.

Lembretes

1 A globalização e o *outsourcing* aumentam a quantidade e a diversidade dos concorrentes, enquanto o conhecimento está se tornando mais codificado e transferível.

2 As alianças, a rotatividade do pessoal, e os polos de imitação são os principais canais que permitem a imitação em massa.

3 As defesas tradicionais contra a imitação, inclusive o registro de marcas e o amparo legal, estão enfraquecendo.

NOTAS

1 DIAMOND, J. *Guns, germs and steel.* Nova York: Norton, 2005 (1997); WESTNEY, D. E. *Imitation and innovation:* the transfer of western organizational patterns in Meiji Japan. Cambridge: Harvard University Press, 1987.

2 BONABEAU, E. The perils of the imitation age. *Harvard Business Review*, 45 a 54, jun. 2004.

3 O'BRIEN, J. Entrevista com o autor, 16 dez. 2008.

4 DUNFIELD, S. Entrevista com o autor, 18 nov. 2008.

5 DIAMOND, 2005.

6 Data Monitor. *Toys and games in the United States*: industry profile. 0072-0778, Tabela 4, 12 jan. 2008.

7 Banco Mundial. *Global economic prospects 2008*: technology diffusion in the developing world. Washington, DC: The World Bank, 2008.

8 KOHRT, C. Entrevista com o autor, 5 mar. 2008.

9 DIAMOND, 2005.

10 COMIN, D.; HOBIJN, B. *Cross-country technology adoption*: making the theories face the facts. Staff Report n. 169, Federal Reserve Bank of New York, 2003; YORGASO, D. R. Research and development activities of US multinational companies. *Survey of Current Business*, mar. 2007.

11 ZENG, M.; WILLIAMSON, P. J. *Dragons at your door*: how chinese companies will disrupt global competition. Boston: Harvard Business School Press, 2007.

12 LAWTON, C.; KANE, Y. I.; DEAN, J. US upstart takes on TV giants in price wars. *Wall Street Journal*, A1, 15 abr. 2008; SHENKAR, O. *The Chinese Century*. Philadelphia: Wharton School Publishing, 2004.

13 AEPPEL, T. US shoe factory finds supplies are Achilles' heel. *Wall Street Journal*, B1, 3 mar. 2008.

14 KARHU, K.; TAIPALE, O.; SMOLANDER, K. *Outsourcing and knowledge management in software testing*. 11th International Conference on Evaluation and Assessment in Software Engineering, Keele University, Staffordshire, Reino Unido, 2 e 3 abr. 2007.

15 BALCONI, M. Tacitness, codification of technological knowledge and the organization of industry. *Research Policy* 31, 357-379, 2002; HURLEY, S.; CHATER, N. (eds.). *Perspectives on imitation:* from neuroscience to social science. Cambridge, MA: MIT, 2005; COWAN, R.; FORAY, D. The economics of codification and the diffusion of knowledge. *Industrial and Corporate Change* 6, 3, p. 611, 1997; COWAN, R.; DAVID, P. A.; FORAY, D. The explicit economics of knowledge codification and tacitness. *Industrial and corporate change* 9, 2, 211--253, 2000; NEISSER, U. The imitation of man by machine. *Science* 139, 3551, 193-197, 1963.

16 DALEY, C. Entrevista com o autor, 18 nov. 2008.

17 HURLEY, S.; CHATER, N. (eds.). *Perspectives on imitation*: from neuroscience to social science. Cambrigde, MA: MIT, 2005.

18 COWAN; FORAY, 1997.

19 COWAN; FORAY, 1997.

20 BYRON, E. A new odd couple: Google, P&G, swap workers to spur innovation. *Wall Street Journal*, 1, 18 nov. 2008.

21 COWAN; FORAY, 1997, p. 611.

22 COWAN; DAVID; FORAY., 2000.

23 NEISSER. The imitation of man by machine. Existe uma confusão comum na literatura de estratégia entre conhecimento tácito e complexo. O conhecimento complexo é especialmente sensível à codificação, e de fato sua grande complexidade exige a codificação como um jeito de lidar com múltiplas variáveis e relacionamentos.

24 LUDLAM, T. Entrevista com o autor, 8 maio 2008.

25 DIAMOND, 2005, p. 407.

26 CHO, D. S.; KIM, D. J.; RHEE, D. K. Latecomer strategies: evidence from the semiconductor industry in Japan and Korea. *Organization Science* 9, 4, 489-505, 1998.

27 AGARWAL, R.; GORT, M. First-mover advantage and the speed of competitive entry, 1887-1986. *Journal of Law and Economics* XLIV, 161-177, 2001.

28 DIAMOND, 2005; WESTNEY, 1987; CHO; KIM; RHEE, 1998; AGARWAL; GORT, 2001; BRYMAN, A. Animating the pioneer versus late entrant debate: an historical case study. *Journal of Management Studies* 34, 3, 415-438, 1997.

29 COLLINS, H. M. The TEA set: Tacit knowledge in scientific networks. *Science Studies* 4, 165-186, 1974 *apud* COWAN; DAVID; FORAY, 2000.

30 Generics Report. *Drug Store News*. Disponível em: <http://www.drugstore news.com>, 12 fev. 2007.

31 All together now. *Economist*, 26 jul. 2008.

32 JARGON, J.; ZIMMERMAN, A. Brand-name food makers woo retailers with displays. *Wall Street Journal* (on-line), 17 fev. 2009 (citando Private Label Manufacturers Association e ACNielsen); Europe eats on the cheap. *Wall Street Journal*, B1, 30 set. 2008; ACNielsen. *The power of private label 2005*: a review of growth trends around the world. Nova York: ACNielsen, 2005.

33 MANSFIELD, E.; SCHWARTZ, M.; WAGNER, S. Imitation costs and patents: an empirical study. *Economic Journal* 91, 907-918, dez. 1981; LEVIN, R. C.; KLEVORICK, A. K.; NELSON, R. R.; WINTER, S. G. Appropriating the returns from industrial research and development. *Brookings Papers on Economic Activity* 3, 783-831, 1987. Outro estudo relata que os custos de imitação de patentes aumentaram 30% para produtos farmacêuticos, 20% para produtos químicos e 7 para produtos eletrônicos (ver MANSFIELD; SCHWARTZ; WAGNER, 1981).

34 YOU, K.; KATAYAMA, S. Intellectual property rights protection and imitation: an empirical examination of Japanese FDI in China. *Pacific Economic Review* 10, 4, 591-604, 2005.

Os Imitadores

Imitadores

TUDO O QUE FIZEMOS FOI COPIAR O MODELO BEM-SUCEDIDO DE HERB KELLEHER. NA VERDADE, ACHO QUE FOMOS AS ÚNICAS PESSOAS A COPIÁ-LO COM SUCESSO E TALVEZ ATÉ TENHAMOS IDO ALÉM DE ONDE A SOUTHWEST CHEGOU COM ELE. MAS, FORA ISSO, CONTINUA A SER O MODELO DA SOUTHWEST.

Michael O'Leary, CEO, Ryanair Holdings

A natureza e os resultados de imitação variam amplamente. Algumas empresas copiam um modelo como ele é, enquanto outras se adaptam às suas próprias circunstâncias ou tentam produzir alguma melhoria marcante no original. Algumas tentam entender como o modelo emprestado vai se encaixar, mas outras se contentam com a replicação de suas características externas mais visíveis. No entanto, a maioria das empresas permanece focando as barreiras que podem colocar no caminho dos aspirantes a imitadores de suas próprias inovações, em vez de imaginar como poderiam se beneficiar se imitassem os outros. A maioria não consegue se livrar do estigma associado à imitação – a ponto de muitos executivos com os quais conversei terem se ofendido apenas com a sugestão de que suas empresas estariam envolvidas com a imitação (mesmo quando era evidente que haviam emprestado ideias e características importantes dos outros).

Porém, mesmo quem se sente confortável com a letra "i" admite que lhe falta uma abordagem proativa e sistemática da imitação. Raramente alguém tira lições de suas tentativas de imitação anteriores ou da experiência dos outros, seja de sua indústria ou de fora dela. A maioria não trata, muito menos resolve, o problema vital da concordância, que, como você viu, reside no âmago do desafio da imitação.

Embora algumas empresas procurem imitar um princípio de negócios isolado, outras buscam um sistema de negócios inteiro como modelo em potencial. Quando o sistema modelado é complexo, apesar de estruturado – por exemplo, a fabricação de *chips* de memória –, a abordagem seria a *cópia exata*: a replicação exata do funcionamento de uma planta em outro local nos mínimos detalhes. A hipótese é que, como o completo entendimento do sistema é virtualmente impossível, a réplica exata garantiria a fidelidade e a confiabilidade do resultado, mesmo quando a relação de causa e efeito não é totalmente entendida.

A empresa que replica sua própria planta tem acesso irrestrito às informações; e, por mais complexa que seja a fabricação de um *chip*, quase todos os seus elementos (como o maquinário e a temperatura do setor de montagem) podem ser codificados e, portanto, são replicáveis. O mesmo não pode ser dito de um modelo de negócios utilizado por outra empresa que os imitadores observam do lado de fora, apenas com acesso a seus elementos visíveis. Os imitadores também acham desafiador ter de decifrar a intricada rede de relações entre os vários elementos que compõem um sistema abrangente. No entanto, por mais difícil que a imitação de sistemas e modelos possa parecer, em muitos casos ela foi realizada com sucesso, enquanto que outras vezes o esforço de imitação ficou aquém do esperado ou faliu.

Os exemplos de imitação narrados neste capítulo ilustram algumas das principais variedades de imitação e seus resultados, bem-sucedidos ou não, além dos desafios envolvidos no processo. Como será visto em detalhe no Capítulo 5, os imitadores preferem escolher como modelo empresas importantes que sejam grandes, de prestígio e aparentemente bem-sucedidas, mas nem sempre necessariamente líderes da indústria ou do segmento de negócios. A Southwest Airlines, o Walmart e a Apple servem aqui como exemplos, embora outros casos estejam relatados neste capítulo e no livro inteiro.

Aqui, eu discuto como várias empresas tentaram imitar empresas modelo, as suposições que elas fizeram (ou deixaram de fazer) e os resultados dos esforços. Eu questiono se os imitadores foram capazes de observar – e, mais importante, de entender – aquilo que estava por trás da fachada de um modelo bem-sucedido, incluindo o contexto relevante associado ao aparente sucesso, e se os imitadores foram capazes de implementar a variante escolhida.

Southwest Airlines

Southwest Airlines

A Southwest Airlines inaugurou em 1971 com três aeronaves Boeing 737 e um serviço entre sua base, em Dallas (Texas), e as cidades de Houston e San Antonio. Primeira empresa aérea comercialmente bem-sucedida oferecendo preços baixos nas passagens aéreas, a Southwest causou uma dramática mudança no mercado, passando para as mãos do transporte aéreo mais barato, por muito tempo uma parcela marginal do mercado doméstico norte-americano, o controle de um terço do mercado. O modelo de negócios da Southwest dava a impressão de ser bastante simples:

- Voar a curta distância e ponto a ponto (via centros aeroportuários, em vez de conexões), o que simplifica a estrutura das rotas e elimina o tempo e a complexidade da transferência de bagagens.
- Usar aeronaves do mesmo tipo (a Southwest chega inclusive a padronizar a instrumentação na cabina de seus vários modelos de 737), o que acarreta economias na compra de equipamentos, na manutenção, no pessoal e no treinamento das tripulações, além de melhorar a flexibilidade nos remanejamentos.
- Manter as aeronaves mais tempo no ar, a principal vantagem em uma indústria com investimento intensivo em capital, por meio do rodízio rápido (especialmente em rotas curtas importantes), e manter regras de trabalho flexíveis.
- Aterrissar em aeroportos secundários ou menos congestionados (o que permite tempo da aeronave em solo ainda mais rápido). Esses aeroportos são menos concorridos ou menos suscetíveis ao controle das companhias aéreas estabelecidas, cobram taxas de aterrissagem baratas e ficam bem próximos dos destinos mais procurados pelos passageiros.

Além disso, as tripulações são pagas por distâncias mais curtas, e essa prática, combinada com a produtividade mais elevada, resulta no mais baixo custo por hora entre os principais concorrentes desse negócio.[1] O modelo da Southwest provou cortar cerca de 40% a 50% dos custos em comparação com o modelo das companhias aéreas tradicionais e, junto com os elevados fatores de carga, suportou uma queda de 60% no preço das passagens, e a triplicação ou quadruplicação do tráfego em muitas rotas. Os mesmos princípios de simplicidade são aplicados às vendas (a maioria é feita on-line, com economia de custos e comissões e melhoria no fluxo de caixa), à distribuição e aos serviços. Os consumidores conseguem passagens com preços baixos e simplificados (em comparação com os complicados sistemas das companhias aéreas), nenhum é assento reservado (agora são oferecidos como bônus) e o serviço é ágil e sem luxo, oferecido por tripulações dispostas a conseguir milhas extras.

Embora a Southwest defina os ônibus da Greyhound como sua concorrência, em vez das companhias aéreas tradicionais, as linhas aéreas que concorrem cabeça a cabeça invariavelmente se encontram no lado dos perdedores. Em 2008, as linhas aéreas tiveram 104 milhões de passageiros em 82 mercados. Em forte contraste com a indústria como um todo, a Southwest foi consistentemente rentável e passou a controlar um valor de mercado maior do que todas as principais linhas concorrentes somadas.

Embora o desempenho recente tenha se beneficiado de programas de *fuel hedging*, que dão cobertura de risco sobre o preço do petróleo, essa rentabilidade pode ser explicada pelo vigor financeiro da Southwest e também pela cultura de corte de custos. Atualmente uma grande operadora, a Southwest manteve como fundamentos básicos as rotas curtas (a distância média da viagem cresceu modestamente, de 525 milhas em 1995 para 818 em 2006) e a qualidade do serviço (em 2008, teve a menor taxa de reclamações entre as operadoras). Para acomodar a crescente frota, a Southwest introduziu um controle automatizado de produção, uma prática que reduziu a manutenção programada de 10% a 15%, e aumentou os índices de utilização das aeronaves. O planejamento da manutenção e a definição das rotas das aeronaves foram sincronizados, reduzindo o tempo ocioso.

No entanto, por mais que tenha sido a primeira a introduzir um modelo de negócios inovador, a Southwest Airlines também foi uma ávida e bem-sucedida imitadora. Em parte, seu modelo se baseou em lições aprendidas cruciais extraídas de fracassos anteriores de companhias aéreas de passagens baratas, como a People's Express, e na cuidadosa seleção dos elementos imitados, como a infraestrutura de TI replicada das companhias tradicionais. Donald C. Burr, diretor da People's Express, atribuiu o fim de sua linha aérea, a primeira varejista em grande escala, a deficiências na tecnologia da informação. A gerência da Southwest entendeu bem que essa deficiência era bastante relevante – talvez mais relevante do que a repentina curva em declínio obtida no corte de custos por meio da eficiência operacional, ainda que com a manutenção da qualidade –, e procurou corrigi-la, ao mesmo tempo que melhorava os modelos que havia adotado. Em outras palavras, a Southwest assumiu por conta própria a resolução do problema da concordância do jeito que os *imovadores* fazem, isto é, não apenas atendendo à correspondência necessária, mas também a excedendo de modo a criar um valor distinto.

O sucesso da Southwest pegou a indústria de surpresa. O modelo ponto a ponto era contraintuitivo, pois o sistema de conexões *hub-and-spoke* era considerado superior em termos de custos, coordenação e controle de preços.[2] Essas vantagens percebidas e o fracassos anteriores de linhas aéreas de descontos como a People's

Express e a Air Florida permitiram que a nova linha aérea voasse debaixo dos radares das concorrentes, evitando chamar atenção mais séria durante anos.

Quando finalmente a Southwest ganhou visibilidade, as concorrentes acharam o modelo ilusório e simples, supostamente receptivo a fácil replicação. Voar em aeronaves do mesmo tipo era estupidez. Retirar algumas cortesias oferecidas aos passageiros para baixar custos e simplificar operações idem. Voar ponto a ponto e para aeroportos secundários também era fácil: mesmo que para as companhias *hub-and-spoke* significasse diminuir a utilização de conexões, essa redução era mitigada pelos incentivos oferecidos pelas comunidades locais ávidas para atrair serviços aéreos.

A imitação da Southwest

Uma onda de imitadores – representados pela ValuJet (agora chamada AirTran) e pela Spirit Airlines – procurou replicar o modelo ponto a ponto da Southwest, mas deram um passo ainda maior retirando as cortesias remanescentes do modelo original. Como um analista de Kidder Peabody comentou: "Muitos empresários estreantes almejam a nobre pretensão de ser a próxima Southwest. Mas apenas a ValuJet tem os custos, as margens e a experiência gerencial para chegar perto desse título. Nós a chamamos de 'Southwest sem cortesias' ".[3]

Da mesma forma, a Spirit Airlines se tornou a "rainha do preço reduzido", transformando-se de uma linha aérea convencional de baixo custo em uma operadora de ultrabaixo custo, que oferece alguns assentos por uma ninharia, mas cobra qualquer serviço imaginável em terra e no ar, até mesmo um copo de água. Em termos biológicos, a ValuJet e a Spirit se envolveram em emulação (a cópia de ações observáveis), que fica aquém da imitação completamente desenvolvida, pois a emulação não consegue captar elementos opacos. Isso aconteceu porque ambos imitadores seguiram elementos visíveis e codificados, na tradição da cópia exata do modelo.

Bill Diffenderffer, antigo presidente da Skybus, sugere que esse tipo de replicação tende a focar um único aspecto do modelo – nesse caso, o baixo custo.[4] Tal repetição de um só aspecto corresponde ao que os biólogos chamam de impressão, a replicação instintiva de uma ação. A impressão se desenvolve quando o modelo se apresenta em visão geral e as ações estão relacionadas com o alvo de imitação, mas raramente é útil em situações complexas ou opacas. Em uma aplicação biológica bem conhecida da impressão, o patinho segue não apenas sua mãe, mas também qualquer objeto que se movimente: a ação pode ser parecida, mas o resultado varia de maneira marcante, com possíveis consequências funestas no último caso.

Do mesmo modo, os limites para os negócios das imitações inferiores são óbvios. Considere o caso da Skybus, comandada por Bill Diffenderffer, que recrutou veteranos da Southwest e da Ryanair, uma imitadora europeia bem-sucedida, para ajudar a absorver o modelo. Voando em aeronaves de um só modelo, a Skybus oferecia serviços de descontos para aeroportos secundários em destinos de grande cidades, com os dez primeiros assentos de cada voo vendidos a US$ 10,00 cada; como a Ryanair, a Skybus complementava a receita utilizando suas aeronaves como *outdoors*. Tudo isso foi em vão, e em abril de 2007 a Skybus encerrou as operações.

Embora o comunicado oficial citasse os preços do combustível e a deterioração da economia como os fatores que levaram à falência da empresa, Diffenderffer também responsabilizou os financiadores da companhia, que se apegaram a uma combinação impossível: serviço *premium* como o da JetBlue a preços de Ryanair (mais informações sobre essas companhias adiante). Como normalmente é o caso na impressão e na emulação como imitação, os desvios do modelo foram desconsiderados. Por exemplo, a Skybus evitou utilizar o sistema de reservas, que poderia trazer mais consumidores, porque não fazia parte do modelo. Por outro lado, elementos do modelo da Skybus – como cobrar por bagagens despachadas, a prioridade de assento e a venda dos primeiros assentos com descontos acentuados – foram imitados pelas outras linhas aéreas depois do fim da Skybus. A ideia dos dez assentos também foi adotada pela BoltBus, um empreendimento conjunto entre a Greyhound Lines e a Peter Pan Bus Lines, que oferece pelo menos um assento por um dólar.

A diferenciação da Southwest

OUTRO GRUPO DE REPLICADORES da Southwest, representado pela JetBlue, procurou reter características importantes do modelo, mas diferenciou em um elemento estrategicamente importante. David Neeleman, fundador da JetBlue, trabalhou na Southwest depois que a empresa adquiriu a Morris Air, onde ele era o presidente, e costuma lamentar que a Southwest tenha sido relutante em adaptar sua fórmula. Para a JetBlue, Neeleman escolheu como diferencial o serviço de atendimento, criando o que pode ser chamado de serviço *premium*, com "bônus e descontos". Se os outros varejistas ofereciam segurança e pontualidade com serviço sem luxos, a JetBlue oferecia serviços *semi-premium*, com assentos de couro reservados e monitores de TV individuais. A JetBlue, que enfatiza o desempenho relacionado ao serviço e tradicionalmente tem uma das menores taxas de *overbook*, recrutou veteranos da Southwest, inclusive um diretor financeiro e um diretor de recursos humanos. Porém, a JetBlue reteve o modelo ponto a ponto da Southwest, a frota de um só tipo de aeronave (depois acrescentou um jato regional), e simplificou a estrutura de preços das passagens.

Essas ações permitiram que a JetBlue controlasse os custos tão bem como a Southwest (por exemplo, em 2006, seu custo por assento-milha disponível, ou CASM, era de 8,27 centavos contra 9,79 centavos da Southwest), apesar de atrair passageiros que procuravam mais conforto. Outra razão para o sucesso da JetBlue foi a rápida expansão para regiões com pouca presença da Southwest, além do estabelecimento de uma conexão no aeroporto JFK de Nova York, que permite conexões internacionais sem incorrer aos custos associados à rotas sem conexão com outras companhias.

Os imitadores da "companhia dentro da companhia"

ALGUNS IMITADORES PROCURAM preservar seu modelo de negócios de longo prazo enquanto experimentam uma imitação em uma unidade separada e isolada de suas operações principais. A ideia é extrair as vantagens do modelo imitado, preservar a infraestrutura e o investimento aplicados, alcançar novos mercados e consumidores retendo os já existentes e navegar no meio dos acordos trabalhistas e da cultura corporativa resistente a mudanças. O conceito é atraente na medida em que oferece a possibilidade de fazer o bolo e também comê-lo, e parece contornar a necessidade de administrar o problema da concordância.

Porém, essas vantagens são ilusórias. O problema da concordância não pode ser evitado embora tenha sido deslocado e, em muitos sentidos, dessa forma ele aumenta, pois agora o imitador precisa lidar com dois sistemas concorrentes que não podem ser concilados e que ao mesmo tempo não estão totalmente separados. O resultado provável é uma imitação meia-boca que une o pior, ao contrário do melhor, dos mundos.

A indústria de linhas aéreas ilustra esse princípio. Conforme a Southwest controlava uma fatia do mercado cada vez maior, as grandes companhias aéreas entraram em alerta para impedir a deserção de seus consumidores e também para explorar novos consumidores sensíveis a preço. Engessadas pelos acordos sindicais e determinadas a proteger seus investimentos em infraestrutura de conexões *hub-and-spoke*, elas apareceram com um conceito tentador: a companhia aérea dentro da companhia aérea. A ideia era preservar o modelo existente, com seu sistema de conexões de rotas, programas de milhas e seção de primeira classe, e estabelecer uma unidade separada, que em essência replicaria a Southwest Airlines e competiria com os varejistas nos próprios termos deles.

Entre as subsidiárias surgiram a CALite da Continental Airlines, a Shuttle da United (seguida pela Ted em 2004), a MetroJet da US Airways e a Song da Delta. Essas companhias aéreas dentro das companhias aéreas copiadas da Southwest simplificaram a estrutura de preços das passagens, eliminaram regalias como comida a bordo, otimizaram a utilização das aeronaves e das tripulações e reduziram os custos de venda e distribuição. Algumas, mas não todas, também adotaram a fórmula de operar com apenas um modelo de aeronave. Outras chegaram a ponto de imitar a roupa casual e a atitude informal dos comissários de bordo da Southwest. As imitadoras tardias, como a Song da Delta, procuraram não só pegar emprestado o melhor do modelo da Southwest, mas também de empresas semelhantes bem-sucedidas como a JetBlue.

A CALite, unidade de baixo custo da Continental Airlines, foi fundada em 1993 após a saída de sua matriz de um segundo pedido de falência. A unidade supostamente deveria competir com a Southwest (apesar de inicialmente evitar a base geográfica da rival no sudoeste dos Estados Unidos), e copiou princípios como voar ponto a ponto, serviço sem luxo (classe única, sem refeições), pouco tempo da aeronave em solo e tripulação de voo informal. Ao contrário da Southwest, a CALite oferecia assentos reservados e milhagem a passageiros fiéis (em nível reduzido) e, rompendo com o modelo da Southwest, utilizava aviões de múltiplos tipos.

A imitação provou ser um fracasso total. Em seu relatório 10-K de 1994, a Continental mencionou que a unidade CALite, que operava aquilo que ficou conhecido como "voos dos amendoins", passava por "problemas operacionais" e não era rentável. E acrescentou que o voo "linear" ponto a ponto era responsável por 70% dessas perdas, pois impedia a linha aérea de impulsionar suas conexões em Houston e Newark. Nesse meio tempo, o prazo administrativo e o capital gasto no lançamento e na operação da CALite erodiram serviços da operadora principal, e as reclamações dos consumidores aumentaram. Em 1995, a unidade foi assumida pela matriz, com apenas porções do modelo, como o rápido tempo de rotatividade, e sobreviveu. Gordon Bethune, presidente da Continental, depois comentou que "se deixássemos as coisas como estavam por mais seis meses, podíamos perder tudo".[5] Bill Diffenderffer, na época vice-presidente sênior da Continental, disse que a CALite faliu pois canibalizou os passageiros de passagens com preço integral da companhia aérea principal, criou confusão em torno da marca e, em vez de gerar economia de custos reais, simplesmente deslocou os custos de um lado para outro.[6]

Outras linhas subsidiárias não se arranjaram melhor. Lançada em 1994, a Shuttle da United visava diretamente o território da Southwest. Como a original, ela oferecia serviço ponto a ponto regular, mas manteve os assentos de primeira classe (uma característica popular entre os viajantes a negócios, que podiam usar o *status* ou a milhagem para fazer um *upgrade*), atribuição antecipada de assentos e milhagens para passageiros fiéis. Essa iniciativa desmoronou quando a Southwest, na ocasião uma operadora forte, montou uma resposta agressiva. A United falhou na criação de uma estrutura de custos para a nova divisão, que deveria ser proporcional ao rendimento de uma companhia aérea de baixo custo – por exemplo, manteve executivos de supervisão da filial em nível idêntico ao da operadora principal.[7]

Sem se intimidar com o fracasso, em 2004 a United lançou outra subsidiária, a Ted, dessa vez evitando a concorrência cabeça a cabeça com a Southwest, e concorrendo com a Frontier e a America West, mais fracas. A Ted se diferenciou da Southwest ao oferecer cortesias como rádio via satélite e filmes gratuitos, mas os passageiros não foram seduzidos e a unidade foi fechada em junho de 2008, com uma revista proclamando: "*Ted is dead*".[8]

Uma tentativa parecida foi a unidade MetroJet da US Airways. Com a estrutura de custos inchada, em 2001 ela não conseguiu administrar a recessão causada pelos ataques terroristas de 11 de setembro, e fechou em dezembro do mesmo ano. "A MetroJet", declarou Herb Kelleher, presidente da Southwest: "disse que seria uma linha aérea com passagens de preço baixo, mas não era uma linha aérea de baixo custo".[9] Anos depois, Naresh Goyal, fundador da Jet Airlines indiana, voltou ao tema, dizendo: "Na Índia não existem linhas aéreas de baixo custo, apenas operadoras com passagens de preço baixo, sem fins lucrativos".[10]

Outra tentativa foi feita pela Delta, que remendou a Delta Express, sua companhia aérea subsidiária que não deu certo, e lançou a Song em 2003. Com um fundo de guerra de 75 milhões de dólares, uma equipe feita de executivos da Delta e com a consultoria da empresa McKinsey, estava destinada a mudar o rumo da invasão dos varejistas, mesmo que fosse a custo da rentabilidade de curto prazo. A equipe estudou o fracasso da Delta Express e de outras companhias subsidiárias e definiu como meta um tempo de aeronave em solo de cinquenta minutos, com elas permanecendo no ar durante mais de treze horas por dia, cerca de 20% a mais do que nas operações principais da Delta. Os comissários de bordo deviam arrumar as cabinas antes da aterrissagem, e as turmas de limpeza entravam nas aeronaves por uma porta enquanto os passageiros saíam por outra. A gerência da unidade queria espremer um quarto das despesas operacionais por meio de salários mais baixos para a tripulação e uso mais eficiente das aeronaves.

Uma lição aprendida com a experiência das subsidiárias anteriores era obter mais independência da empresa matriz, mas a Song e a Delta compartilharam pilotos, manutenção e outros recursos. A segunda lição era criar uma marca distinta, mas a marca Song não se diferenciava em quase nada da JetBlue. Quando perguntei o que separava a Song da JetBlue, Tim Mapes, diretor de marketing da Song, evocou imagens de apelo emocional e estilo de vida: "Vamos construir uma marca, não só uma linha aérea".[11] A Song de fato propagou sua marca registrada, modernizou as promoções a bordo e também nas lojas de varejo da marca Song no SoHo de Nova York e em Boston, e a empresa se diferenciou ainda mais ao focar o público-alvo nas mulheres e na manutenção de laços visíveis com a matriz.

Infelizmente, não eram esses os fatores de diferenciação que os consumidores buscavam ou pelos quais estavam dispostos a pagar e, levando em consideração a presença da JetBlue, a Song não podia sequer oferecer novidades. Ao mesmo tempo, esses fatores aumentaram os custos: coagida por acordos trabalhistas anteriores, a Song pagava seus pilotos na mesma escala salarial da Delta, os melhores salários do mercado. Os comissários de bordo e a maioria do pessoal em terra trabalhava por baixos salários e com equipes subdimensionadas (por exemplo: para um voo em um 757 eram escalados quatro comissários de bordo, em vez dos seis usuais na companhia aérea principal), mas isso abalava o moral e o compromisso de oferecer um serviço de atendimento superior. A Song operava principalmente aeronaves de um único tipo, mas para obter lucros de seus 757 precisava de mais passageiros que os 737 da Southwest e os Airbus da JetBlue, e demorava mais tempo em solo. Em dois anos, a Song desapareceu. O mesmo destino estava à espera das subsidiárias europeias (como a Buzz da KLM) que permaneceram integradas com a empresa principal.

No final das contas, nenhuma grande companhia aérea conseguiu imitar a Southwest Airlines quando adotou a fórmula da companhia aérea dentro da companhia aérea, com a possível exceção da Silk Air, a subsidiária da Singapore Airlines. A Silk Air impulsionou o magnífico *hub* de sua matriz, o aeroporto de Changi, como base das conexões dos voos ponto a ponto com destinos internacionais de longa distância. Para as outras linhas aéreas, o modelo das subsidiárias resultou em economias de custos que foram de muito modestas até a defasagem de quase 50% dos custos operacionais. As grandes companhias também tiveram de arcar com os encargos administrativos e os custos associados à pesada estrutura regulamentada da Associação Internacional de Transporte Aéreo (IATA – International Air Transport Association), dos quais suas unidades subsidiárias não podiam escapar. Oneradas pelas frotas personalizadas existentes, as subsidiárias não conseguiram igualar nem mesmo os elementos codificados do modelo da Southwest, como as aeronaves padrão encomendadas no fundo do ciclo da indústria.[12]

Os aspirantes a imitadores ficaram ainda mais atrás na imitação de elementos tácitos, como Kelleher escreveu no Relatório Anual de 2005 da empresa: "Embora muitas outras linhas aéreas queiram tentar imitar a Southwest, nenhuma delas consegue duplicar o espírito, a união, a atitude de 'podemos fazer', e o maravilhoso *esprit de corps* dos empregados da Southwest, que continuamente dão um magnífico serviço de atendimento ao cliente, uns para os outros e para o público que viaja... Mesmo que muitos tenham tentado imitar tantos aspectos da Southwest, eles não conseguiram duplicar o nosso elemento de sucesso mais importante: a nossa gente".

Embora Kelleher falasse a respeito de boas relações com empregados e *esprit de corps*, a cultura da Southwest também é uma busca constante por economia de custos, algo a que as companhias aéreas não se dedicaram. Esse desafio é parecido com o enfrentado pelos inovadores farmacêuticos que procuraram entrar nos genéricos. O resultado era uma imitação que carecia dos ingredientes fundamentais que faziam do original um sucesso, e ao mesmo tempo se chocavam com o sistemas dos próprios imitadores, que produziam o pior, e não o melhor, dos mundos. Nesse meio tempo, as companhias aéreas estavam tão focadas nos alvos de imitação que desviaram os olhos da bola e deixaram de ver as possibilidades de melhorar seus próprios modelos. Diffenderffer observa que as grandes companhias aéreas esqueceram que seu modelo funcionou bem para empresas aéreas como Cathay Pacific, Singapore Airlines e British Airways, e perderam a oportunidade de se diferenciar e obter lucros na rede mundial.[13]

Tendência parecida foi observada fora do setor das linhas aéreas. Para competir com clones de preços baixos, em 1992 a IBM fundou a divisão Ambra com produção terceirizada e venda pelos correios e por telefone. A ideia era imitar os clones – os mesmos clones que praticamente foram inventados pela própria IBM quando liberou o "Purple Book", um manual com os códigos necessários que incentivava o mercado a fabricar máquinas de acordo com seus padrões, mas que agora estavam comendo seu almoço. A unidade foi fechada em 1994, depois de enfrentar muitos dos mesmos problemas que incomodaram as subsidiárias das empresas aéreas, como a confusão entre marcas. Essa divisão esteve em forte contraste com a estrutura utilizada pela IBM quando lançou o PC, que era um centro de lucros separado, localizado longe da sede e com autonomia para se abastecer em qualquer lugar, definir preços e estabelecer canais de vendas.

Da mesma forma, a Digital Equipment Corporation (DEC) tropeçou quando tentou entrar no negócio de computadores a partir de sua operação principal sem organizar a estrutura necessária de baixo custo. No setor automotivo, a General Motors criou a divisão Saturn, para imitar os fabricantes japoneses de carros, adotando práticas como a redução do número de cargos e substituindo a montagem convencional por equipes. A tentativa falhou, assim como aconteceu com a Extreme, a divisão de descontos da cadeia de supermercados Albertsons. Em todos esses casos, a tentativa de imitar um modelo desenvolvido em outro lugar, enquanto falhava em cortar relações com o modelo anterior estabelecido em outro contexto, se mostrou impraticável.

Importando o modelo da Southwest

UMA IMPORTANTE FORMA de imitação envolve a importação de um modelo de um ambiente para outro, normalmente além das fronteiras. A WestJet, da qual David Neeleman, fundador da JetBlue, foi um dos investidores, foi lançada em 1996 e copiou no mercado canadense a fórmula da Southwest. "Decidimos replicar o modelo da Southwest e torná-lo canadense", revela Clive Beddoe, presidente e CEO da WestJet.[14] Como a Southwest, a WestJet usa apenas aeronaves 737, mas opera com assentos reservados, alimentos (para ser comprados), acesso ao *lounge* e serviço de televisão da JetBlue. A fórmula se mostrou altamente rentável. Em 2005, a Spring Airlines, a Eagle Airlines e a Okay Airlines emergiram na China com a mesma ideia, e Neeleman levou o modelo para o Brasil com a Azul, uma companhia aérea muito parecida com a JetBlue e que tenta equiparar alguns preços das passagens de ônibus.

Porém, os melhores exemplos de importação bem-sucedida do modelo da Southwest são duas companhias aéreas europeias, a Ryanair e a EasyJet. Apesar de todos os imitadores estarem sujeitos ao problema da concordância, os importadores enfrentam uma série de desafios mais amplos, pois transplantam o modelo para outro país e precisam levar em consideração as diferenças entre os ambientes. No caso desses dois negócios europeus, certas similaridades ajudaram a imitação: assim como a desregulamentação do mercado norte-americano de aviação foi vital para o surgimento da Southwest, a desregulamentação do mercado europeu, em 1993, abriu oportunidades para os importadores desse continente.

Embora as viagens intraeuropeias sejam principalmente internacionais e, portanto, potencialmente mais complexas, a eliminação do passaporte e das restrições aos vistos como parte da integração da União Europeia facilitou as viagens e criou demanda adicional. Outras condições que contribuiram ao modelo do tipo Southwest também prevaleceram: os aeroportos secundários eram abundantes, os voos mais curtos, e o Reino Unido oferecia uma base barata, levemente regulamentada, parecida com Dallas. A densidade populacional mais alta do que a dos Estados Unidos era uma vantagem a mais. O mercado da União Europeia apresentava concorrência mais forte, devido à ampla disponibilidade de serviços ferroviários, mas as linhas aéreas podiam compensar isso dando atenção maior para a contenção de custos. Por fim, o fracasso da Southwest em se expandir para a distante Europa tirou de campo um formidável concorrente em potencial.

A Ryanair nasceu em Dublin, em 1985, como uma companhia aérea com preço abaixo dos cobrados pelas companhias de bandeira britânica e irlandesa. Havia um problema: a nova companhia aérea não tinha adequado os custos para operar com o baixo preço das passagens, e esse déficit provocou perdas no valor de 18 milhões de libras. Quando Tony Ryan, fundador da Ryanair, recrutou Michael O'Leary, atualmente CEO da Ryanair Holdings, como seu assistente pessoal, O'Leary prontamente advertiu o chefe para fechar a empresa, que perdia dinheiro. Em vez disso, em 1991, Ryan levou O'Leary a Dallas para visitar a Southwest Airlines e conhecer o CEO e presidente da empresa. Quando voltaram para casa, decidiram replicar o modelo da Southwest. Em entrevista ao *Wall Street Journal*, O'Leary disse (como foi citado no começo deste capítulo): "Tudo que fizemos foi copiar modelo bem-sucedido de Herb Kelleher. Na verdade, acho que fomos as únicas pessoas a copiá-lo com sucesso e talvez até tenhamos ido além de onde a Southwest chegou com ele. Mas, fora isso, continua a ser o modelo da Southwest".[15]

Mais do que imitar sutilezas do modelo da Southwest, como o serviço amigável, a Ryanair foi à forra nos elementos sistematizados. Ela manteve os princípios básicos do modelo original, mas foi além na busca da fórmula de comercialização das passagens pelo preço mais baixo possível para o maior número de pessoas. A empresa foi implacável na redução das despesas gerais e passou a cobrar por qualquer serviço imaginável: despacho das bagagens, prioridade no embarque, reserva de assentos e bebidas. Os assentos não são reclináveis, otimizando o espaço para encaixar mais cadeiras; as persianas das janelas e os bolsos nos assentos da frente do passageiro estão longe de ser encontrados, pois aumentam o peso da aeronave e exigem limpeza a cada pouso, o que aumenta o tempo da aeronave em solo.

Medidas mais recentes incluem a eliminação das estações de *check-in* e do despacho de bagagens. A empresa está considerando a opção de cobrar dos passageiros pelo uso do toalete de bordo (principalmente para encurtar o tempo que a aeronave fica em solo) e oferecer preço mais barato nas passagens para quem estiver disposto a viajar em pé. Cada polegada dentro e fora das aeronaves é explorada por publicidade, e promoções casadas com fornecedores correlatos (como as locadoras de automóveis) aumentam a receita. As tripulações de voo compram seus uniformes, assim como os funcionários administrativos compram suas próprias canetas; praticamente todos os bilhetes são vendidos on-line. Não existem programas para passageiros fiéis.

"Somos como o Walmart nos Estados Unidos: empilhamos alto e vendemos baixo", diz O'Leary.[16] Esse mote foi repercutido por um analista que chamou a linha aérea de "Walmart com asas".[17] A fórmula foi altamente rentável, com a margem líquida pairando em torno dos 20%, cerca de três vezes a dos concorrentes. Kelleher, da Southwest, elogiou a Ryanair ao chamá-la de "a melhor imitação da Southwest que já vi".[18]

Da sua parte, a EasyJet uniu o modelo de baixo custo da Southwest com o serviço superior e a conveniência de voar para os principais aeroportos como a JetBlue. Ela proclama, como a Southwest, que "as pessoas são o principal ponto de diferença" e "são parte integrante do nosso sucesso". Em seu site da internet, a empresa reconhece "ter emprestado o modelo de negócios da operadora aérea americana Southwest", mas acrescenta que "a nossa proposta ao consumidor é definida como 'preço baixo com atenção e conveniência.' Isso significa que apesar de estarmos comprometidos em manter os preços baixos, forneceremos produtos de qualidade e bons serviços aos nossos consumidores".[19]

Na conferência de 2005, a diretoria da EasyJet reconheceu ter copiado da Southwest as ideias de serviço ponto a ponto, a frota composta por aeronaves do mesmo modelo, o equilíbrio entre pequenos e grandes aeroportos, pouco tempo da aeronave em solo e o intenso aproveitamento dos horários; porém, ela afirma ter superado a Southwest em concentração de assentos e no fator de carga (84,5% contra 69,5%). Além disso, a EasyJet afirma ter sido pioneira nas vendas diretas (a empresa não paga comissões a agentes de viagens e não participa de sistemas de distribuição global), orgulha-se de que praticamente 100% das passagens sejam vendidas pela loja na internet e das tarifas únicas para todos os voos (em comparação com as seis categorias de preços de passagens da Southwest), com os preços aumentando de valor (em vez de diminuírem) perto do dia do embarque. A EasyJet foi além, ao estender o conceito de simplicidade a tudo o que faz, inclusive ao escalar a tripulação (não existem escalas por idade). Veja a seguir, na Tabela 4.1, o resumo de como a EasyJet equilibra imitação e inovação.

A EasyJet não só possui considerável vantagem de custos sobre concorrentes estabelecidos como a British Airways e varejistas convencionais como a britânica Midland, como também seus resultados se comparam favoravelmente com os da Southwest (Tabela 4.2).

Assim como a Southwest, a EasyJet diz que "muitos tentaram imitar o modelo de negócios da EasyJet, mas poucos conseguiram", mas afirma que muitas das suas inovações foram copiadas, inclusive seus uniformes e a cobrança de tarifa por trecho, que foi adotada pela Ryanair (que em 2000 tinha seis categorias de preços de passagens) e pela British Airways, que tornou essa tarifa opcional.[20]

TABELA 4.1

IMITAÇÃO E INOVAÇÃO NO MODELO DE NEGÓCIOS DA EASYJET

ELEMENTO DO MODELO DE NEGÓCIOS	PIONEIRA
Alta capacidade de giro com passagens de baixo preço	
Rede ponto a ponto, sem conexões	Southwest
Frota simples	Southwest
Equilíbrio entre pequenos e grandes aeroportos	Southwest
Pouco tempo da aeronave em solo, aproveitamento dos horários	Southwest
Alta concentração de assentos	Southwest
Alto fator de carga	EasyJet
Modelo de cobrança simples	
Tarifa por trecho para todos os destinos	EasyJet
Nenhuma restrição de horário (noites de sábado)	EasyJet
Preço único em todos os voos a qualquer hora	EasyJet
Preço aumenta, não diminui, perto do embarque	EasyJet
Transparente, fácil e amigável com os consumidores	EasyJet
Modelo de distribuição de baixo custo, desde a inauguração	
100% sem ticket (vendas pelas internet)	EasyJet
100% direto ao consumidor	EasyJet
Zero comissão para os agentes de viagens	EasyJet
Zero uso de sistemas de distribuição global	EasyJet
Vendas iniciais por central de chamadas, divulgação do número do telefone na lateral dos aviões	EasyJet
Quase 100% de distribuição via internet	EasyJet

Fonte: EasyJet. 2005. Apresentação na Conferência de Transportes UBS 2005, Londres, 19 e 20 de setembro. Uso autorizado.

TABELA 4.2

DESEMPENHO COMPARATIVO PARA EASYJET E SOUTHWEST

VOOS EM 2004 DE BOEING 737-700	EASYJET	SOUTHWEST	EJ x SW
Preço médio das passagens	£42,35	49,21	-14%
+ acessórios	£2,55	1,96	
- receita total por passageiro	£44,90	51,17	-12%
x percentual de pagantes	100%	87%	
= receita por passageiro embarcado	£44,90	44,73	0%
x fator de carga	84,5%	69,5%	
= receita por assento	£37,94	31,09	+22%
x assentos por avião	149	126	
- receita por voo	£5.653	3.917	+44%
/ capacidade por voo	£4.708	5.292	
= capacidade de giro	1,20x	0,74x	+62%

Fonte: EasyJet. Conferência de Transportes UBS 2005, Londres, 19 e 20 de setembro. Uso autorizado.

Assim que a Ryanair e a EasyJet provaram ser bem-sucedidas, foi a vez dos imitadores asiáticos. Ao contrário dos Estados Unidos e da Europa, a Ásia não é política e economicamente integrada e, como os voos internacionais são regulamentados por acordos bilaterais, a estrutura das rotas é mais complexa. Embora essa circunstância traga à tona a questão da concordância, existem muitos fatores de compensação. Por exemplo, os consumidores asiáticos são muito suscetível aos preços, o que torna os descontos nas tarifas especialmente atraentes; e, embora os substitutos baratos (ônibus, trens e barcos) sejam abundantes, eles têm fama de operar com equipamentos antigos, segurança duvidosa e condições precárias, o que faz parecer atraente qualquer viagem aérea sem luxo.

Tony Fernandes, da Air Asia, baseou sua linha aérea no modelo da Ryanair, e atraiu Conor McCarthy, ex-COO da Ryanair, com uma participação de 5%. A Air Asia opera aeronaves de um só modelo, embora tenha trocado os Boeing 737 pelos Airbus A-320, que afirma ser 12% mais baratos com base no custo unitário, e 20% mais baratos com base no custo à vista. Assim como a Southwest, a Air Asia comprou as aeronaves Airbus no auge da recessão da indústria depois da epidemia de SARS (pneumonia asiática ou SRAG, síndrome respiratória aguda grave) e dos ataques de 11 de setembro. Comidas e bebidas não são permitidas a bordo dos voos da Air Asia, presumivelmente para não ofender sensibilidades religiosas, mas também para reduzir o tempo da aeronave em solo. O pagamento por meio de transferência bancária foi introduzido como uma alternativa aos cartões de crédito, que ainda não são muito comuns nessa parte do mundo.[21]

Recentemente, Fernandes lançou o Air-AsiaX, voo de longa distância que oferece assentos "premium", bem mais confortáveis, mas insiste que está "seguindo com zelo a bíblia da concorrência de baixo custo" ao evitar as conexões entre linhas e ao se esforçar para manter suas aeronaves no ar 18,5 horas por dia, mais tempo do que qualquer outra linha aérea.[22] Assim que os imitadores asiáticos encontraram seu rumo, rapidamente se espalharam, com inúmeras companhias aéreas de tarifa barata oferecendo versões do modelo da Southwest ou imitações da segunda geração como o modelo EasyJet/JetBlue de tarifas baratas com algumas conveniências a mais adotado pela Adam Air. Na Índia, a Air Deccan copiou o modelo da Southwest em 2003, mas logo foi seguida por hordas de imitadores incapazes de ganhar dinheiro nos céus congestionados.[23]

Por fim, algumas linhas aéreas adotaram elementos selecionados do modelo da Southwest. Esse processo parece bastante simples, pois não envolve o sistema por inteiro e permite seletividade, mas ao mesmo tempo há o risco de o imitador falhar na duplicação das intricadas relações entre os vários elementos do modelo, manter uma característica que não se encaixa nos outros elementos do sistema ou deixar de fora componentes de suporte crítico do modelo original.

Para se antecipar a uma investida da Southwest sobre seu *hub* de Seattle, por exemplo, a Alaska Airlines escolheu implantar o modelo das aeronaves de modelo único, acelerar o tempo da aeronave em solo e reduzir o custo da interface com o consumidor à maneira da Southwest. Ao mesmo tempo, manteve características diferenciais, fornecendo assentos de primeira classe e programa fidelidade, mas sua norma de fornecer "o melhor valor do mercado" tem apresentado resultados confusos.

A America West alcançou algum sucesso ao transformar-se em uma variante do modelo – atingindo CASM de 7,81 centavos, muito próximo dos 7,77 centavos da Southwest (em 2004) –, apesar de manter o *hub* e a primeira classe. A empresa, rebatizada como US Airways, enfatiza as operações e o serviço de atendimento e saltou do pior para o melhor desempenho entre 2007 e 2008.[24] Para reforçar sua diferenciação das outras companhias aéreas imitou práticas da Continental Airlines, como prêmios em dinheiro para todos os empregados quando metas operacionais são alcançadas e recompensas individuais por serviço. Outros imitadores tiveram algum sucesso ao copiar elementos isolados do modelo da Southwest, como a remuneração pela produtividade, um incentivo a mais para os pilotos girarem rapidamente as aeronaves.

Walmart

O ANO DE 1962 FOI importante para os varejistas de descontos. Kmart (reencarnação de uma cadeia de lojas de bugigangas de 1899, agora imitação do modelo da Woolworth), Walmart e Target foram todas fundadas nesse ano, assim como a Woolco, a divisão de descontos da Woolworth. Nenhuma delas foi a loja de descontos pioneira, pois foram precedidas por E.J. Korvette, Mammoth Mart, Zayre e Vornado, entre outras.

Em 1962, o varejo de descontos já representava uma indústria de US$ 2 bilhões. Os pioneiros já haviam partido e, com exceção da Woolco, os estreantes de 1962 lideraram a categoria e o setor de varejo como um todo.

O mais conhecido deles é o Walmart, o maior varejista do mundo, com faturamento anual de mais de US$ 350 bilhões. Famoso pela grande escala e "preços baixos todos os dias" ("empilhar alto para vender baixo"), o Walmart é muito conhecido pela logística e pelos sistemas de informações supereficientes. Foi o primeiro varejista a automatizar o gerenciamento da cadeia de fornecimento, começando com o controle de estoque computadorizado em 1974, efetuando a automação no ponto de venda em 1979, o intercâmbio eletrônico de dados em 1981 e a rede via satélite em 1985. Um sistema de estoque gerenciado pelo fornecedor (conhecido como VMI – vendor managed inventory) vincula os fornecedores, os centros de distribuição e as lojas de varejo, onde as vendas são continuamente registradas e analisadas. Além disso, o sistema *cross docking* é atendido por uma frota de caminhões, e centros de distribuição próprios reduzem os custos do estoque e das vendas em 2% a 3% comparado com a média do mercado.

A eficiência rendeu economias importantes: quando conquistou o prêmio de Varejista do Ano em 1989, os custos de distribuição do Walmart foram estimados em 1,7% das vendas, contra 3,5% do Kmart, então maior e favorecido pela escala, e 5% da Sears. Os sistemas de informações e de logística do Walmart também possibilitam monitoramento das tendências dos consumidores, o que permite que o varejista ajuste as compras de mercadoria e o merchandising.[25]

A estratégia do Walmart foi imitada não apenas pelos concorrentes do varejo, mas também fora do setor. O'Leary, chefe da Ryanair, orgulhava-se de a linha aérea ser chamada de "Walmart do Céu", e quando Kevin Rollins, CEO da Dell, foi perguntado a respeito de sua empresa ser rotulada "Walmart dos computadores", ele retrucou: "Estão tentando nos reduzir com elogios fracos. Mas, consideramos isso como um grande elogio, quando se vê o sucesso do Walmart".[26]

Elementos selecionados do modelo do Walmart, que vão do admirado sistema de informações e dos vínculos com os fornecedores até as saudações na entrada da loja, foram avidamente copiados por muitos, na indústria e fora dela. No entanto, por mais que o Walmart tenha se tornado um modelo para os outros, ele tem demonstrado uma sutil capacidade de buscar e, quando apropriado, imitar outras empresas e formas de negócios. Sam Walton, o fundador do Walmart, foi citado por dizer: "A maioria das coisas que fizemos nós copiamos dos outros". Por exemplo: os hipermercados da empresa foram abertos depois que Walton viu esse formato em uma visita ao Brasil.[27]

O Walmart também foi rápido em adotar inovações terceirizadas e não patenteadas dos concorrentes, como o sistema de agendamento computadorizado da Target. Em 2000 se defendeu com sucesso de um processo de violação de patente perante a Suprema Corte norte-americana, que decidiu que o *design* de roupas não era protegido pela lei. Quando a Tesco abriu pequenas lojas oferecendo produtos frescos, o Walmart rapidamente seguiu a inovação de seu imitador de outrora com sua própria versão, a Marketside.

Mas o Walmart não era apenas imitador, era também *imovador*: quando emprestava, também procurava aperfeiçoar, melhorar e impulsionar importantes junções estratégicas. Um exemplo é a tecnologia de código de barras, que o Walmart adotou dos supermercados. Em vez de utilizá-la apenas para registrar preços, como no uso original, o Walmart impulsionou a tecnologia para analisar padrões de compras – informação valiosa para qualquer varejista, especialmente para os que competem por eficiência e preços baixos na cadeia de fornecimento.

A imitação do Kmart e de outros varejistas

COMPARE A ESTRATÉGIA do Walmart com sua rival Kmart. Respaldado pelo capital, pelo *know-how* e pela experiência das lojas de bugigangas, o Kmart desfrutou de um início promissor no segmento de descontos. No final de 1963 possuía 53 lojas, enquanto o Walmart inaugurava a segunda, e em 1979 o Kmart tinha 1.891 lojas contra 229 do Walmart. A vantagem de escala se traduzia em economias em compras, marketing e distribuição, mas isso não se equiparava à eficiência operacional do Walmart. O Kmart deixou de investir em sistemas de apoio e terceirizou seus transportes e os sistemas de gerenciamento de informações, pois mantê-los internamente não podia se justificar pelos critérios tradicionais do ROI (retorno de investimento). O resultado foi que, enquanto o Walmart gastava em distribuição menos de 2 centavos por dólar de mercadorias vendidas (o mais baixo da indústria), o Kmart gastava 5 centavos.

Apenas no início de 1982, depois de ter ficado muito para trás, o Kmart passou a imitar seriamente o Walmart. Começou com a tecnologia da informação, colocando um ex-consultor do Walmart como encarregado da missão. Infelizmente, o Kmart não tinha a capacidade e nem as circunstâncias para retirar o máximo desse esforço. Muitas de suas lojas ficavam em áreas urbanas pouco atraentes para alcançar seu público-alvo, mas essa localização mantinha afastados os compradores de fora da cidade e dificultava a entrega eficiente das mercadorias. O Kmart reconheceu o problema em 2003, quando se retirou dos negócios de alimentos frescos, no qual a distribuição é crítica. A empresa então tentou copiar elementos selecionados do Walmart, como a instalação de um sistema giratório para as sacolas nos *checkouts* e negociação de preços com os fornecedores com base no espaço da prateleira em vez de apenas no volume. Com uma estrutura de custos mais elevada, o Kmart fracassou em igualar a vantagem de preços com o Walmart, e então tentou mudar para um mercado mais caro. Mas faltava-lhe o conhecimento e uma marca para o novo segmento e a localização de suas lojas não ajudava. Absorvido pela Sears, o Kmart, reorganizado, continua na luta.[28]

A Dollar General seguiu um caminho um pouco parecido com o da Ryanair. A empresa, fundada em 1939, nos últimos anos tornou-se atenta observadora do Walmart, ao qual tem feito referências constantes em seus relatórios anuais. A Dollar General procura economizar e simplificar ainda mais o modelo do Walmart. Ela mantém estoques baixos, limita os custos de publicidade e possui lojas em áreas de aluguel baixo. Os custos são mantidos com ofertas limitadas a uma estreita faixa de itens de pequeno valor e a diferenciação pela conveniência de ser uma loja urbana menor, com atendimento rápido. Com uma cadeia de fornecimento sofisticada, o número limitado de itens à venda permite que a Dollar mantenha os custos operacionais semelhantes ou talvez mais baixos que os do Walmart. Por exemplo, em 2003, quando o Walmart lucrava 3,5 centavos por dólar vendido, a Dollar ganhava 4,3 centavos. O Walmart reagiu à Dollar General ao testar a seção "Pennies-n--Cents" em algumas de suas lojas que oferecem uma seleção de produtos similares a preços idênticos.[29]

Em 1995, Dick Schulze, presidente da Best Buy's, anunciou que em dez anos a cadeia de lojas seria uma empresa de US$ 100 bilhões, uma previsão que ecoava a do fundador do Walmart em 1990. Atualmente, a Best Buy é o maior varejista norte-americano de produtos eletrônicos e está expandindo internacionalmente. Seguindo o exemplo do Walmart, a Best Buy busca eficiência em operação e escala, mas diferencia-se ao oferecer aos consumidores uma variedade de produtos muito maior, assistência técnica treinada e facilidade de compra. Ganhou prêmios pela melhor sinalização e orientação às vendas, melhor layout para ajudar os consumidores a encontrar o que estão procurando, caixas mais rápidos e publicidade mais útil. Quando Schulze fez sua previsão, a Best Buy era o único varejista importante a chegar perto dos custos de fazer negócios do Walmart, o que havia conseguido imitando a cadeia de fornecimento do Walmart e ao enfocar no aumento dos índices de transações, em vez de medir o desempenho estritamente em termos de lucros por transação.[30]

Combinada com a incursão do Walmart nos grandes produtos eletrônicos, a estratégia da Best Buy colocou a loja Circuit City em um nó. Assim como a Skybus, a Circuit City tentou imitar dois modelos incompatíveis: um focado na concorrência de preços, o outro em conhecimento, experiência e serviço. Desesperada para cortar custos, mas deficiente em características operacionais, a Circuit City tomou a medida extrema de despedir suas melhores (e, portanto, mais bem pagas) equipes de vendas, essencialmente removendo o serviço diferenciado e profissional da loja com relação ao Walmart. Ao mesmo tempo, a Circuit City fundou a Firedog, um serviço de instalações e assistência técnica, imitado do Geek Squad da Best Buy, que presumivelmente pretendia se diferenciar do Walmart naquilo que a P&G chamaria de "o segundo momento da verdade": o ponto de uso. Ao fazer isso, a Circuit City criou um modelo incompatível que não fornecia nem o melhor preço e nem o melhor serviço ao cliente. No final de 2008, a Circuit City estava quebrada.

Aprenda a imitar

A Toys'R'Us enfrentou uma investida parecida com a experimentada pela Circuit City quando o Walmart começou a se expandir agressivamente para a área de brinquedos. Inicialmente, ela repetiu o erro das subsidiárias das companhias aéreas, ao imitar um modelo de baixo preço sem uma base de sustentação de baixo custo. Foi somente depois de ser adquirida por um grupo de investidores em 2005 que a empresa se afastou da concorrência de preços, mudou o layout das lojas, melhorou a rotatividade de mercadorias e investiu em treinamento. A Toys'R'Us também começou a trabalhar diretamente com os fabricantes de brinquedos para gerar ideias de produtos exclusivos, a mesma estratégia seguida pela Target. Sendo assim, a Toys'R'Us imita as práticas de descontos nos preços e na cadeia de fornecimento do Walmart, mas tem procurado se diferenciar o suficiente para extrair um modesto prêmio nos preços, compensando a desvantagem em escala e eficácia. A empresa também está se tornando mais ágil ao tirar vantagem de oportunidades emergentes e diferenciadoras – a mais recente delas foi abrir pequenas lojas e quiosques em shoppings nos espaços desocupados pela Kay Bee Toys, que faliu.

As cadeias de supermercados passaram por uma curva de aprendizado semelhante. Depois da tentativa de se igualarem à estrutura de preços do Walmart, que seus modelos de custos operacionais não podiam sustentar, elas mudaram o direcionamento para competir em ambiente e na seleção de produtos frescos e exclusivos.

A Kroger, por exemplo, mantém a posição de preço mais barato entre as mercearias tradicionais, e suas lojas urbanas oferecerem mantimentos selecionados a preços muito baixos; porém ela se diferencia por oferecer a experiência de compras mais abonada, maior seleção, embalagens menores e comida pronta. Essa prática permitiu que a Kroger conquistasse uma fatia do mercado das mercearias menores e ao mesmo tempo garantiu seu próprio enfrentamento com o Walmart e outros grandes varejistas. Ela também contratou a Dunnhumby, empresa de pesquisas pertencente à Tesco, para analisar os padrões de compras dos clientes.

As lojas The Home Depot, Staples, Nordstrom, e Gap também copiaram características selecionadas do Walmart, como os códigos de barra, o compartilhamento de informações com os fornecedores e a automação no ponto de venda; práticas que permitiram estreitar a defasagem de custos sem abandonar os fatores de diferenciação.[31]

Outro imitador diferenciado bem-sucedido é a Target. Assim como a JetBlue e a Best Buy, a Target se diferencia do Walmart pelo posicionamento do "desconto *premium*", ao oferecer maior qualidade em comparação com outros varejistas e a preços mais baixos que os varejistas especializados ("exija mais – pague menos"). A esse respeito, Target é como a Warner Bros., um retardatário da animação, que adotou "a estratégia 'vantajosa' do baixo custo e da diferenciação".[32] A Target, também, trabalhou para conter custos enquanto introduzia seus novos traços distintivos.

O modelo tem funcionado bem, com retornos acionários consideravelmente mais elevados que os do Walmart. A Target, que foi descrita como sendo "notavelmente aberta a influências externas", imita elementos do modelo do Walmart em operações, cadeia de fornecimento, TI e vendas, mas se diferencia em merchandising e marketing.[33] Considerando seu posicionamento de comercialização mais cara, a gerência da Target acredita que não faz sentido seguir o Walmart em mercados emergentes neste momento. Greg Steinhafel, presidente e CEO, comenta: "Alguém poderia argumentar que na medida em que a Índia e a China se tornam mais afluentes, elas estão muito mais prontas para uma estratégia do tipo da Target".[34] Ao mesmo tempo, a Target alega que sua experiência com os consumidores afluentes torna seu modelo difícil de replicar. Robert Ulrich, antigo CEO da Target, observou: "Não estou dizendo que isso não possa acontecer com o tempo, [mas] dizer que Yugo está se tornando BMW é muita tolice".[35]

Assim como a EasyJet, o E-Mart, um varejista de descontos sul-coreano, importou elementos de modelos do Walmart e da Target, adaptando-os ao mercado interno. O E-Mart oferece lojas espaçosas, como as da Target, mas em uma atmosfera de mercado ao ar livre inspirada na Coreia. Ela se diferencia pelo lado da interface com o consumidor, uma área onde o lojista local tem a natural vantagem sobre o concorrente estrangeiro: o E-Mart comprou as operações coreanas do Walmart, que falhou em ajustar adequadamente seu próprio modelo às condições locais.[36] Outros imitadores do modelo, como o Wu-Mart da China, adotaram estratégia parecida, com considerável sucesso.

A Apple
A Apple

Quando Steve Jobs voltou a ser o CEO da Apple, uma das primeiras coisas que fez foi abolir o programa de licenciamento que imitava a abordagem da IBM de liberar seu código de fabricação de computadores para os aspirantes a concorrentes na esperança de estabelecer um novo padrão. Embora a estratégia se desviasse um pouco da IBM no sentido de que procurava licenciar o sistema em vez de distribuí-lo gratuitamente, o resultado era o mesmo, com alguns clones roubando uma fatia substancial de seu mercado. Jobs sabia dos riscos com base na própria experiência: quando a Apple lançou seu primeiro computador pessoal, os imitadores asiáticos o copiaram tão rápida e furiosamente que 20 deles foram proibidos pela Comissão Americana de Comércio Internacional de vender suas versões nos Estados Unidos. Na década passada, virtualmente todos os novos produtos da Apple, do iMac ao iPhone, além de muitos de seus métodos e processos, foram imitados logo depois do lançamento.

A Apple cultiva cuidadosamente sua imagem de empresa inovadora, tanto assim que em sua convenção de 2006 enviou um sósia de Elvis para demonstrar que a imitação jamais se iguala ao original. No entanto, a própria Apple é uma imitadora consumada. John Sculley, outrora CEO da Apple, escreveu que muita coisa da tecnologia do Macintosh "não foi inventada internamente".[37] A interface visual do Mac foi cortesia do Centro de Pesquisas de Palo Alto, uma instalação da Xerox visitada por Jobs, que acabou por contratar alguns de seus pesquisadores. Aspectos da *interface*, principalmente o famoso mouse, não foram inventados pela Xerox, mas por um cientista chamado Doug Engelbart, que colaborou com muitos dos pretensos pesquisadores do PARC.

Assim que foi comercializado, o aplicativo da Apple foi imitado pela Microsoft ao criar o Windows; versões posteriores tanto do sistema operacional do Windows como do Mac incluem muitas características originadas de outros. Anos depois, a Apple imitaria, e melhoraria, o conceito da loja de varejo Gateway, só para ver a Microsoft (liderada pelo veterano Walmart) seguir o mesmo caminho. Em 2005, um vendedor das botas Lugz acusou a agência de publicidade da Apple de copiar um comercial da empresa, acrescentando que ficara particularmente chocado com a imitação por causa da boa reputação da Apple de ser "tão inovadora".[38]

Acima de tudo, a Apple é mestre em *imitação de montagens*: ela segue os caminhos de muitos antecessores, que usaram as tecnologias e os materiais existentes para gerar novas tecnologias ao recombiná-los. O prelo de Gutenberg combinou a tinta à base de óleo com as prensas de parafuso utilizadas para fazer azeite e vinho. O DC-3 da McDonnell Douglas, talvez a mais bem-sucedida aeronave já fabricada, se baseou na combinação de inovações anteriores que juntas produziram uma máquina engenhosa, embora simples.[39] A Apple seguiu uma lógica similar, com Jobs sugerindo: "Não tente iniciar a próxima revolução, basta conceber produtos de consumo inteligentes e acessíveis".[40] Como montadora magistral, a Apple reserva sua criatividade para a nova recombinação das tecnologias existentes: "A Apple é amplamente considerada inovadora... Na verdade, sua real habilidade está em costurar suas ideias com tecnologias externas e depois empacotar os resultados com *software* elegante e *design* estilizado... Em poucas palavras, a Apple é uma arranjadora e integradora de tecnologias, sem medo de trazer ideias de fora, mas que sempre acrescenta seu próprio rebolado".[41]

Steve Dunfield, antigo executivo da Hewlett-Packard, oferece a Asustek de Taiwan como outro exemplo de fabricante de computadores que utiliza este caminho.[42] A Asustek fabrica computadores que mesclam tecnologias novas e existentes, inovadoras em portabilidade, *design* e praticidade em um pacote acessível. Como um analista observou, a empresa quebrou "o ciclo típico da indústria de computadores de sempre ter de produzir algo melhor e mais rápido", em vez de "criar algo que fosse mais acessível e mais portátil".[43] A Asustek se afastou de seu lema quando passou a introduzir novos modelos a cada seis semanas, uma prática que confundiu os consumidores, mas depois recuperou o equilíbrio.

Empresas sem as inúmeras habilidades da Apple tentaram combinar suas capacidades com as de sócios externos, implantando uma variante da estratégia de montagem e recombinação. A fraqueza dessa estratégia é que ela acrescenta à operação custo e complexidade, além da administração de uma aliança. A Microsoft e a Samsung associaram-se com outros vendedores para oferecer um pacote musical completo que competisse com o iTunes, mas a abordagem falhou, em parte porque as duas empresas, bem-sucedidas como são, tem características limitadas para associações.

A "recombinação pelo parceiro", porém, funcionou com a SanDisk. O CEO Eli Harari comentou: "Não existe mistério aqui de que o que [a Apple] fez foi uma cópia aperfeiçoada e de qualidade".[44] Uma aliança com a RealNetworks possibilitou que a SanDisk captasse, no final do segundo trimestre de 2006, 10% do mercado de mp3, e a empresa então se juntou com a Zing Systems e o Yahoo! para oferecer um novo aparelho sem fio cujas características em alguns aspectos superam o original. Houve uma abordagem parecida com o Sansa View, que oferecia duas vezes a capacidade de armazenagem do iPod nano pelo mesmo preço.[45]

Como em todas as tentativas de imitação, a recombinação bem-sucedida exige uma solução para o problema da concordância – ou, melhor ainda, uma solução que forneça uma adequação superior à original. A Mary Kay Cosmetics uniu as reuniões em casa criadas pela Tupperware (conhecida por seus potes para armazenar comida) com o modelo pioneiro de venda direta da Avon no negócio de cosméticos. Com seu forte elemento de grupo social, as reuniões em casa se adequaram ainda mais aos cosméticos do que aos potes plásticos. Além disso, a combinação era consistente com a visão de Mary Kay Ash de sua empresa como uma comunidade de mulheres que se autoaperfeiçoavam. Outros empresários mais tarde tentariam imitar a combinação das vendas diretas com as reuniões sociais e a aplicariam a outros segmentos de mercado, mas, na ausência de correta adequação, muitos desses esforços fracassaram.

"Segredos" do sucesso

"Segredos" do sucesso

POR QUE RAZÃO ALGUNS imitadores são mais bem-sucedidos do que outros? Quando alguém observa intimamente os casos descritos neste capítulo, poucos fatores parecem separar os vencedores dos perdedores.

Os perdedores falharam em destravar e decifrar a caixa preta que continha a explicação do sucesso do modelo. Eles simplificaram demais o original, desejando que a réplica produzisse resultados idênticos, mas falharam em captar as complexidades do modelo, inclusive os fatores de contingência, como as características fundamentais que afetam o desempenho do modelo. Foi assim que muitos repetiram o erro do Fleischer, outrora o estúdio líder da animação. Assim que ficou atrás do retardatário Disney, Fleischer tentou copiá-lo, mas faltava ao estúdio a capacidade de usar eficazmente a nova tecnologia da cor. Mais do que isso, faltava a abordagem Disney de "realismo meloso que não se adequava aos seus animadores".[46] Outro grupo, representado por Skybus e Circuit City, tentou a abordagem do "comprador racional" ao misturar múltiplos modelos, mas sem resolver as contradições entre eles.

Em resumo, os imitadores que falharam não se envolveram com a imitação verdadeira e, em particular, falharam em resolver, ou mesmo manejar, o problema da concordância. Como resultado, não foram capazes de produzir réplicas que funcionassem, muito menos de adaptar o modelo às circunstâncias variáveis, como fizeram os reformistas Meiji.[47] Os imitadores bem-sucedidos, em contraste, foram capazes de resolver o problema da concordância de várias maneiras. Um grupo, representado pela Ryanair, ValuJet e Dollar General, estendeu o modelo de modo consistente, mas excedeu os princípios codificados fundamentais. Outro grupo, representado por empresas como JetBlue, Target e Best Buy, imitou os principais elementos do modelo, mas cuidadosamente se diferenciou em outros aspectos, especialmente no serviço *premium*.

Os mais bem-sucedidos parecem ter sido os importadores, que transplantaram o modelo para outro ambiente. Esse grupo realizou uma espécie de arbitragem, colhendo as vantagens de ser pioneiros em um novo território e, ao mesmo tempo, abrandando os riscos pois estavam replicando algo que já havia provado funcionar em um ambiente com fundamentos similares ou superiores. Nisso, nas palavras de Lionel Nowell, ex-PepsiCo, os importadores são imitadores: "pois na realidade você está apenas imitando aquilo que já foi feito, o sucesso [que foi] alcançado em outro lugar".[48] Ao mesmo tempo, eles também são inovadores, conforme a definição de Levitt da inovação não apenas como algo que já foi feito antes, mas também como algo que nunca foi feito antes em uma indústria ou mercado em particular.

Finalmente, ficou claro que os nossos próprios modelos de imitação eram imitadores consumados. Eles imitaram outros, mas fizeram isso muito seletivamente e procurando a solução do problema da concordância, especialmente com respeito a junções estratégicas vitais. Foi isso que a Southwest Airlines fez quando depurou a lacuna crítica da People's Express – um sistema de informações mal desenvolvido –, e que o Walmart fez quando absorveu elementos praticados por seus antecessores enquanto aumentava seu valor ao aperfeiçoar a cadeia de fornecimento para rapidamente ascender escala acima. Também foi isso que a Apple fez quando aprendeu com os fracassos (como as lojas da Gateway) e com os sucessos (como os computadores da IBM) e desenvolveu e inovou usando suas próprias habilidades.

Ao mesmo tempo, essas empresas-modelo foram, e com certeza permaneceram, inovadoras. Nossos modelos foram, em uma palavra, *imovadores*.

Lembretes

1. As abordagens da imitação variam da replicação e extensão até a diferenciação, importação e recombinação de um modelo existente.
2. A maioria dos imitadores bem-sucedidos se envolve com a verdadeira imitação, que inclui decifrar causas e efeitos e resolver o problema da concordância.
3. A maioria dos imitadores que falhou se envolveu em formas rudimentares de imitação abaixo da imitação verdadeira. Eles procuram manter os sistemas existentes funcionando lado a lado com o modelo imitado, ou tentam combinar modelos contraditórios.
4. Tanto quanto inovadores, quase sempre os próprios modelos de imitação são imitadores consumados; ou, em outras palavras, eles são *imovadores*.

NOTAS

1 GILLEN, D.; LALL, A. Competitive advantage of low cost carriers: some implications for airports. *Journal of Air Transport Management* 10, 41-50, 2004. Bill Diffenderffer, ex-chefe da Skybus, argumenta que a Southwest já não desfruta mais de vantagem salarial e que a maior parte de seus lucros em anos recentes é atribuída a seu programa de cobertura de combustível (DIFFENDERFFER, W. Entrevista com o autor, 23 out. 2008).

2 GITTELL, J. H. *The Southwest Airlines way*. Nova York: McGraw-Hill, 2003.

3 MOORMAN, R. W. Airlines: ValuJet. 'Southwest without the frills.' *Air Transport World* 31, 9, 113, Setembro; ValueJet Airlines. Kellogg School case KEl043. Evanston, IL: Northwestern University.

4 DIFFENDERFFER, W. Entrevista com o autor, 23 out. 2008.

5 BRYANT, A. Continental is dropping "Lite" service. *New York Times*, 14 abr. 1995.

6 DIFFENDERFFER, W. Entrevista com o autor, 23 out. 2008.

7 GITTELL, 2003.

8 BEIRNE, M. *Ted's dead*. Disponível em: <http://brandweek.com>, 5 jun. 2008.

9 Knowledge@Wharton. What Makes Southwest Airlines Fly, 2006.

10 Idem; MICHAELS, D. Airline sector's woes slam a highflier. *Wall Street Journal*, A8, 2 jul. 2009.

11 MANNERS, Tim. *Speed of song*. Disponível em: <hattp://www.reveries.com>, 2004.

12 DOGANIS, R. *The airline business in the 21st century*. London: Routledge, 2001; MORRELL, P. Airlines within airlines: an analysis of US network airline responses to low cost carriers. *Journal of Air Transport Management* 11, 303-312, 2005.

13 DIFFENDERFFER, W. Entrevista com o autor, 23 out. 2008.

14 CAREY, S. Canada's WestJet flies high. *Wall Street Journal*, 24 jan. 2007.

15 WINGFIELD, K. My stupid business. *Wall Street Journal*, A9, 15 e 16 set. 2002.

16 Renegade Ryanair. *BusinessWeek*, 14 maio 2001.

17 Walmart with wings. *BusinessWeek*, 27 nov. 2006.

18 Renegade Ryanair, 2001.

19 EasyJet UBS 2005 Transport Conference, London, 19 e 20 set. 2005.

20 GILLEN, D.; Lall, A. Competitive advantage of low cost carriers: some implications for airports. *Journal of Air Transport Management* 10, 41-50, 2004.

21 THOMAS, G. Air Asia's new worlds. *Air Transport World*, abr. 2007.

22 Start up is chasing the long-haul dream. *Financial Times*, 25, 26 nov. 2008.

23 Idem; MICHAELS, 2009.

24 Alaska Air makes moves in fight for low operating costs. *Puget Sound Business Journal*, 4 dez. 2006; How US Airways vaulted to first place. *Wall Street Journal*, D3, 22 jul. 2008.

25 TEDLOW, R. *New and improved*: the story of mass marketing in America. Nova York: Basic Books, 1990; ORTEGA, B. *In Sam we trust*. Nova York: Times Business/Random

House, 1998; GRANT, R. M.; NEUPERT, K. E. *Cases in contemporary strategy analysis*. Malden, MA: Blackwell Publishing, 88, 1996; STALK, G.; EVANS, P.; SHULMAN, L. E. Competing on capabilities: the new rules of corporate strategy. *Harvard Business Review*, 57-69, mar.-abr. 1992.

26 BREEN, B. The Walmart of high tech? *Fast Company* 88, nov. 2007.

27 WALTON, S. *Sam Walton*: made in America, my story. Nova York: Doubleday, 1992 *apud* SCHNAARS, S. P. *Managing imitation strategies*: how later entrants seize markets from pioneers. Nova York: Free Press, 2002; HAGLOCK, T, e WELLS, J. *The rise of Walmart stores Inc. 1962-1987*. Case Study 9-707-439. Boston: Harvard Business School, 7 dez. 2007.

28 ORTEGA, 1998; Tedlow., 1990; STALK; EVANS; SHULMAN, 1992; TURNER, M. L. *Kmart's ten deadly sins*: how incompetence tainted an American icon. Hoboken, NJ: Wiley, 2003; Kmart's 20-year identity crisis. Research at Penn, 30 jan. 2002; HOWELL, D. Kmart cuts hint of future strategy: Plans to emerge from bankruptcy this spring. *DSN Retailing Today*, 27 jan. 2003.

29 NASH, K. Case study: dollar general, eWeek.com, 2004; BERNER, R.; GROW, B. Out-discounting the discounter. *Business Week Online*. Disponível em: <http://www.businessweek.com/magazine/content/04_19/b3882086.htm>, 2004.

30 HISEY, P. Best Buy's success emulates WalmartMart's touch. *Discount Store News* 34, 17 a 20, 2 jan. 1995; *wnbc.com*. How Walmart Mart's TV prices crushed rivals, 16 set. 2008.

31 McWILLIAMS, G. Not copying Walmart pays off for grocers. *Wall Street Journal online*, 6 jun. 2007; WALTERS, S. Kroger's special: itself. *Wall Street Journal*, B14, 17 e 18 maio 2008; JOHNSON, P. Supply chain management at Walmart. Case 907D0111-28-2006, Ivey School of Business, 2006.

32 BRYMAN, A. Animating the pioneer versus late entrant debate: an historical case study. *Journal of Management Studies* 34, 3, 415-438, 1997. A referência neste artigo é só para a Warner Brothers.

33 REINGOLD, J. Target's inner circle. *CNNMoney.com*, 18 mar. 2008.

34 ZIMMERMAN, A. Staying on Target. *Wall Street Journal*, B1, 7 maio 2007.

35 REINGOLD, 2008; ZIMMERMAN, 2007.

36 RAMSTAD, E. South Korea's E-mart is no Walmart, which is precisely why locals love it. *Wall Street Journal*, E1, 10 ago. 2006.

37 MARKOFF, J. Xerox vs. Apple: standard "dashboard" is at issue. *New York Times*, 20 dez. 1989.

38 SANGER, D. E. Import ban on Apple imitations. *New York Times*, 29 fev. 1984; MARKOFF. Xerox vs. Apple: Standard "dashboard" is at issue; HADDAD, C. Where Apple doesn't play nice. *Business Week*, 22 maio 2002; ELIOTT, S. Is imitation flattery, theft or just coincidence? *New York Times*, 25 out. 2005.

39 DIAMOND, J. *Guns, germs and steel*. Nova York: Norton, 2005 (1997); UTTERBACK, J. M. *Mastering the dynamics of innovation*. Boston: Harvard Business School Press, 1994.

40 The Best CEOs. *Worth*, 133-134, maio 2000.

41 Idem; Product development strategies for established market pioneers, early followers, and late entrants. *Strategic Management Journal* 23, 855-866; Lessons from Apple. *Economist*, 9 jun. 2007.

42 DUNFIELD, S. Entrevista com o autor, 18 nov. 2008.

43 TSAI, T.; JOHNSON, I. As giants step in, Asustek defends a tiny PC. *Wall Street Journal*, B1, 1º maio 2009.

44 WINGFIELD, N.; GUTH, R. A. Ipod, they pod: Rivals imitate Apple's success. *Wall Street Journal*, B1, 18 set. 2006.

45 Idem; HAU, L. iPod killers. Forbes.com, 8 de jan. 2008; BOHERET, K. An iPod rival with an edge. *Wall Street Journal*, D10, 2 maio 2007.

46 MALTIN, L. *Of mice and magic:* a history of American animated cartoons. Nova York: Plume, 1987 *apud* BRYMAN, A. Animating the pioneer versus late entrant debate: an historical case study. *Journal of Management Studies* 34, 3, 415-438, 1997.

47 WESTNEY, D. E. *Imitation and innovation*: the transfer of Western organizational practices to Meiji Japan. Cambridge: Harvard University Press, 1987.

48 NOWELL, L. Entrevista com o autor, 12 jan. 2009.

5

Capacidades e processos de replicação

QUEM APRECIA OBRAS DE PINTURA E DESENHO PRECISA TER A FACULDADE IMITATIVA E NINGUÉM PODERIA ENTENDER UM CAVALO OU UM TOURO PINTADOS A MENOS QUE SOUBESSE QUAL A APARÊNCIA DESSAS CRIATURAS.

Apolônio de Tiana[1]

De acordo com os cientistas, a capacidade de imitar não é uma habilidade amplamente distribuída na natureza. Porém, entre as empresas, a capacidade de imitar com eficácia é uma constante, tanto que inúmeras vezes elas arrancaram a posição de liderança dos pioneiros e inovadores – como a IBM fez, primeiro com os mainframes e depois com os computadores pessoais. Em contraste, algumas empresas falharam em suas tentativas de imitação, apesar das lições que aprenderam de fracassos anteriores, tanto próprios como de outros, como foi mostrado no caso da Song, subsidiária da Delta Air Lines.

É claro que o sucesso e o fracasso são o resultado de muitos fatores, e de maneira alguma da sorte. No entanto, quando observamos as evidências, fica bem claro que as capacidades fundamentais têm muito a ver com o resultado das tentativas de imitação. O achado mais importante que os neurocientistas que estudam a imitação fizeram foi a descoberta dos *neurônios espelho*, que permitem uma relação inteligente e empatia com as ações de outros. Esses neurônios estão por trás daquilo que estudiosos cognitivos chamam de imitação *simbólica*, ou de *quinto nível*, na qual o comportamento do observador não equivale ao do demonstrador.[2] Nas empresas, o equivalente dos neurônios espelho são as capacidades de imitação que tornam possível desvendar o modelo da outra organização, e depois traduzi-lo e aplicá-lo à cultura, às necessidades e às circunstâncias do imitador. Essas capacidades são o foco deste capítulo.

Com base na minha experiência, na extensiva revisão das evidências disponíveis e em inúmeras conversas com executivos seniores, eu compilei uma lista das capacidades que precisam ser desenvolvidas e dominadas se a empresa quiser ser bem-sucedida no jogo da imitação. Embora cada uma dessas capacidades exija seu próprio conjunto de habilidades, elas estão intimamente interligadas, cada uma construindo as outras.

- **Preparar:** Construir uma cultura e uma mentalidade que não apenas aceite, mas também valorize e incentive tanto a imitação quanto a inovação.
- **Catalogar:** Capacidade de identificar e visar modelos de imitação com valor em potencial.
- **Pesquisar, descobrir e organizar:** Capacidade de procurar, encontrar e selecionar produtos, processos, serviços, práticas, ideias e modelos que valem a pena imitar.
- **Contextualizar:** Habilidade de identificar fatores ambientais relevantes e ver o original e a imitação embutidos nos respectivos conjuntos de circunstâncias.

- **Mergulhar fundo:** Realizar uma investigação profunda que vai além da simples análise da correlação e capta relações de causa e efeito complexas.
- **Implementar:** Capacidade de rápida e eficazmente absorver, integrar e implantar os elementos imitados até o nível operacional.

Vamos analisar cada uma dessas habilidades em profundidade.

Preparar: eduque a sua empresa para imitar

Preparar: eduque a sua empresa para imitar

Com estudiosos e profissionais firmemente focados em impedir que outras as imitem, as empresas raramente olham para aquilo que pode *impedi-las* de imitar os *outros*. As barreiras variam desde a complacência e a estreita perspectiva de mercado até inconfessáveis interesses partidários, o conforto das rotinas familiares e o orgulho das próprias realizações. Theodore Levitt recorda como os concorrentes no campo dos aparelhos portáteis reagiram com ceticismo ao lançamento da escova dental elétrica.[3] Mesmo quando as empresas pesquisavam os usuários e os possíveis compradores para determinar se deveriam também lançar sua versão, elas o faziam em uma atmosfera de ceticismo, indiferença e casualidade, reservando a atenção e a prioridade para os projetos "inventados aqui".

Essa mentalidade continua arraigada, ironicamente mais ainda entre os inovadores. As pesquisas mostram que empresas com vasta experiência tecnológica, eficientes departamentos de P&D e histórico de ser as primeiras no mercado com inovações tecnológicas "dificilmente se satisfazem produzindo meras imitações".[4]

"A inclinação natural das pessoas é acreditar que elas vão inventar tudo o que é o melhor", diz Clayton C. Daley Jr., ex-vice-presidente e CFO da Procter & Gamble.[5] Para contrariar a tendência, a P&G instila em seu pessoal o "reconhecimento do fato que nem toda boa ideia é inventada pelo nosso pessoal de P&D ou pelo nosso pessoal de marketing", acrescenta Daley. Isso, ele reconhece, exige uma mudança transformacional. Muitos executivos, inclusive Leslie Wexner da The Limited, Lionel Nowell, ex-PepsiCo, e Alex Fischer da Battelle, veem a conotação negativa da imitação como o maior obstáculo para uma bem-sucedida "comercialização" de ideias.[6]

Seja humilde

Henry Dyer, um engenheiro escocês que foi ao Japão a pedido do governo japonês em 1870, profeticamente escreveu: "A Grã-Bretanha não deveria deixar de aprender algumas lições do Japão".[7] Construir a cultura da imitação não diz respeito apenas a sinceridade, mas também a não se manter superior aos outros, bem-sucedidos ou não. Um estudo psicológico descobriu que "os comportamentos imitativos implicam no abandono da resposta própria em um contexto no qual a autocompetência está enraizada nas respostas de alguém" e que "quanto menos expressa superioridade para os concorrentes qualificados, mais é imitado".[8]

Isso não significa suspender seu juízo individual, mas aprender a ser humilde e não filtrar informações e opiniões vindas de outra parte. Carl Kohrt, presidente e CEO da Battelle, registra o vício de "ser muito arrogante" como o principal obstáculo para a imitação bem-sucedida, assim como o fazem G. Gilbert Cloyd, da P&G; Stan Vriends, vice-presidente de operações da Carraro (fabricante italiano líder de componentes automotivos e outros equipamentos) e Don Shackelford, presidente aposentado do Fifth Third Bank.[9]

A humildade também é regra para observar os concorrentes que o imitam: é fácil desprezar melhorias incrementais como "apenas uma cópia", como Kasper fez quando encontrou um componente superior da Canon, mas essa complacência, como Kasper descobriu, pode levar a resultados adversos.[10] De acordo com Nowell, para fazer uma imitação aceitável, "flexibilidade, mente aberta e disposição para a mudança" são críticas; para Wexner, da The Limited, o mais importante é a curiosidade.[11]

Não é por coincidência que esses mesmos atributos quase sempre vêm à tona quando a referência é a inovação. No caso da imitação, porém, existe mais um obstáculo a superar: o estigma associado à atividade. O Japão, que em 1600 possuía mais armas de fogo do que qualquer outra nação na época, deixou essa tecnologia crucial se extinguir, pois ela estava associada a estrangeiros de baixo-status e desafiava o monopólio da espada da classe dos samurais.[12]

Muitas empresas sofrem apuros semelhantes e parte do problema, mas também da solução, tem a ver com o sistema de recompensas. Como Levitt observa: "os aplausos, os *brownies points*[13] e as promoções vão para os indivíduos claramente inovadores", enquanto "as pessoas que sugerem práticas imitativas são vistas de um jeito inferior ou menos digno".[14] Você já viu algum CEO entregar prêmios de imitação? Já viu fotos do "imitador do ano" perto das dos inovadores no mural das empresas? No entanto, diz Wexner, a imitação precisa ser "celebrada".[15] Essa afirmação é compatível com os modelos psicológicos que consideram os "comportamentos vicários", essencialmente a imitação verdadeira, como sujeitos ao reforço ou à punição da conduta padrão.[16]

O primeiro passo para impulsionar totalmente o potencial comercial das ideias é um sistema de sugestões baseado em resultados, como os que existem, por exemplo, na Sherwin-Williams e na P&G. Clayton Daley diz que "se, ao acompanhar uma inspeção de P&D, você perguntar às pessoas quais ideias novas elas trouxeram de fora, e lhes disser 'muito bem', você cumprirá o seu objetivo".[17] Cloyd, da P&G, acrescenta que monetizar as contribuições permite que a empresa premie tanto os inovadores quanto os imitadores, como ditam as regras de indução da empresa – denominadas "Victor Mills Society", em homenagem a um dos maiores inovadores da P&G de todos os tempos.[18] Para evitar o estigma da imitação, Shackelford, do Fifth Third Bank, propõe substituí-la por um termo que não levante conotações negativas, mas preencha o objetivo de tornar a imitação um desafio positivamente reforçado. O termo favorito dele é "imagina-engenharia".[19]

Catalogar: além dos suspeitos habituais

Catalogar: além dos suspeitos habituais

A LITERATURA ACADÊMICA identifica três tendências de imitação com base nos modelos selecionados. A primeira, rotulada de *imitação baseada na frequência*, é imitar o comportamento mais predominante dentro da população considerada, quase sempre a das empresas semelhantes. A segunda, *imitação baseada no traço característico*, é seguir o comportamento das empresas mais parecidas, por exemplo, aquelas de mesmo porte ou espaço no mercado. A terceira tendência, *imitação baseada no resultado*, é imitar aquilo que parece produzir resultados favoráveis.

As três tendências não são mutuamente exclusivas. Por exemplo, a imitação de concorrentes de prestígio, praticada por hospitais, hotéis e bancos de investimento, é particularmente provável quando os modelos também são reconhecidos como grandes realizadores. Ter uma boa reputação nacional ou global aumenta a probabilidade de se tornar um modelo a ser imitado, tanto quanto a participação como membro em um grupo de negócios.

Empresas grandes, de prestígio e bem-sucedidas são escolhidas não apenas pela hipótese de que segui-las produzirá melhores resultados, mas também como um modo de obter a medida da legitimidade, algo que é especialmente importante em tempos de grande incerteza. Tais pressões produzem o *isomorfismo coercitivo*, enquanto que o *isomorfismo mimético* está associado com a cópia de competidores bem-sucedidos, e o *isomorfismo normativo* segue os padrões e normas da indústria. Este último é amplificado por aquilo que alguns chamam de *efeito trio elétrico*, no qual os seguidores se juntam aos imitadores iniciais.[20]

Os três tipos de isomorfismo quase sempre se misturam para formar um forte impulso de imitação. O caso típico foi a adoção do programa de seguros da Bismarck no século XIX pelas nações europeias. Isso ocorreu como resultado do sucesso percebido, pelo *status* do inovador, pela legitimidade fornecida e, para os retardatários, pelo fato de rapidamente ter se tornado a norma.[21]

Substitua pesquisas locais por globais

A IDEIA POR TRÁS DA IMITAÇÃO baseada no traço característico é que as empresas seguidas são relevantes para a organização seguidora. Essas empresas quase sempre estão incluídas em um grupo de referência, uma prática que as posiciona instantaneamente como modelos de imitação em potencial, porque esse grupo se torna padrão de medida pelo qual o desempenho executivo é dimensionado.

Os biólogos avisam que copiar o modelo mais parecido ou de maior prestígio pode não ser a melhor abordagem, pois características como *status* e capacidade de comunicação não têm necessariamente correlação com a aptidão biológica; quando focam em espécies similares, os organismos perdem oportunidades de imitar outros relevantes, mas menos visíveis.[22] Nos negócios, o *benchmarking* chama a atenção para os elementos que mais se destacam, mas possivelmente menos importantes das empresas modelos, às custas de um entendimento mais profundo dos condutores de desempenho. Essa prática faz parte da tendência mais ampla de realizar pesquisas locais em vez de globais – isto é, de enfocar em outras organizações da mesma indústria, categoria de produto e ambiente nacional. Inversamente, "épocas distantes, locais distantes e fracassos" são inspecionados.[23]

As empresas também tendem a procurar eventos recentes, com base na crença de que estes são os mais relevantes, uma prática que foi observada em bancos, hotéis, hospitais e casas de saúde. As pesquisas locais são mais intuitivas, pois o modelo e o imitador compartilham o contexto e parece que o ajuste e a adaptação serão menores. As buscas locais também tendem a desfrutar de maior legitimidade, pois correspondem ao modo de pesquisa de competidores similares. Porém, elas representam uma desvantagem potencialmente séria, pois muitas inovações brotam bem longe do país ou da região de uma indústria.[24]

Identifique os suspeitos incomuns

LES WEXNER, da The Limited, recorda que em 1970 emprestou a tecnologia para processamento de cartões de crédito do sistema de emissão de passagens das empresas aéreas; agora a empresa busca ideias em corporações que variam de Estée Lauder a P&G.[25] Esta última estudou a indústria automotiva e a de aeronaves para construir modelos computacionais virtuais, diz Cloyd da P&G.[26] William Killgallon, da Ohio Art, diz que sua empresa de brinquedos utiliza ideias de materiais e novos produtos da indústria automotiva.[27] Nowell revela que a Frito-Lay busca dicas de logística na Federal Express para aplicar em seu negócio de entregas.[28] R. Kerry Clark, da Cardinal Health, relata que estuda distribuidores de alimentos atrás de ideias aplicáveis ao negócio de suprimentos médicos.[29]

A prática está se tornando comum: hotéis copiam programas de fidelidade de empresas aéreas, bancos adotam padronização de plataformas da fabricação e hospitais se apropriam da página de segurança de empresas aéreas, de ferrovias e da marinha norte-americana. A Organização Mundial de Saúde se aproveita da indústria de aviação para desenvolver orientações para reduzir infecções. Bill Diffenderffer, da Skybus, sugere que as empresas aéreas e as organizações de serviços financeiros deveriam imitar umas às outras, pois ambas processam elevado volume de transações via internet. Kohrt, da Battelle, propõe que as empresas de capital de risco sejam prospecção de imitações, pois elas não estão limitadas por história ou marca e buscam soluções práticas.[30]

No entanto, mesmo os líderes das empresas que procuram além dos confins de suas indústrias concordam que isso não é feito sistematicamente. A Accenture propõe um processo formal em sua Rede de Inovação do Cliente, uma facilidade onde as empresas podem encontrar modelos de papéis a imitar, mas continua em dúvida se a metodologia pode ser útil, especialmente considerando a necessidade de contextualizar – que será discutida adiante neste capítulo.[31]

Por duas décadas, a Southwest foi considerada "uma linha aérea regional peculiar", e só quando suplantou a American Airlines em sua conexão de San Jose destacou-se nas telas dos radares dos concorrentes, mas nesse momento a companhia aérea já possuía a escala e os recursos para se defender das operadoras de viagens e dos novos varejistas.[32] O mesmo aconteceu com o Walmart: o falecido Harry Cunningham, fundador do Kmart, gostava de compartilhar conhecimentos, sem esperar muito do pequeno operador rural de Bentonville, Arkansas.[33]

A lição é que os competidores obscuros de hoje podem ser os vencedores de amanhã, enquanto os que voam alto hoje podem desapontar amanhã, exatamente como as empresas modelos mostradas no livro *In search of excellence*, que tiveram desempenhos inferiores aos de seus pares nos anos seguintes ao que o livro foi publicado. O foco no alto desempenho pode levar os imitadores a não catalogar as empresas que falham, as que Kohrt e Fischer, da Battelle, chamam de "os piores da classe".[34] De acordo com Shackelford, do Fifth Third, mesmo quando os executivos procuram fracassos, eles não o fazem com a mesma intensidade com que buscam as empresas bem-sucedidas, e se distanciam dos modelos fracassados com o argumento de que "eles não se aplicam a nós".[35]

No entanto, os fracassos fornecem grandes experiências de aprendizado. Não só ensinam humildade, mas também revelam causas e efeitos, um vínculo crucial na imitação verdadeira. "Os únicos consultores que contratei alguma vez em meus dez anos [desde que reassumiu o cargo de CEO da Apple]", diz Steve Jobs, "foram para analisar estratégia de varejo da Gateway, para que eu não cometesse os mesmos erros que eles [no lançamento de lojas de varejo]".[36] Por definição, você não pode investigar empresas que não deram certo, pois logo elas não estarão por perto, mas você pode realizar uma "autópsia", utilizando informações públicas e conversando com os antigos executivos que já não estarão proibidos de divulgar informações delicadas. Fracassos próximos são especialmente valiosos, pois as empresas continuam a existir e é provável que o trauma seja bastante lembrado. Catalogar os fracassos é crucial para as empresas bem-sucedidas, pois o sucesso tende a refrear a pesquisa e a desengatilhar uma perspectiva simplista e monolítica.[37]

Na busca dos suspeitos habituais, as empresas também deixam escapar os pequenos competidores que em média, como as evidências mostram, são muito mais inovadores. Shackelford, do Fifth Third, observa que as pessoas só olham para as pequenas empresas como modelo quando elas crescem depressa e mesmo assim a preferência é adquiri-las em vez de imitá-las.[38] O problema é que, por várias razões (por exemplo: regime regulador, capital, avaliação, desafios de integração), a aquisição pode não ser uma opção viável.

Finalmente, é tão importante ter referência das empresas inovadoras como das imitadoras. Você deve estudar as inovadoras, pois elas vão ajudá-lo a ser um primeiro imitador ou um competidor diferenciado mais tarde. Você também deve ter a referência das imitadoras para aprender com as experiências delas e sua forma de superar o obstáculo. Os fabricantes sul-coreanos de semicondutores imitaram as empresas japonesas, que previamente se inspiraram em empresas norte-americanas. Lee Byung Chul, presidente da Samsung, mirou na Toshiba, pois ela "demonstrou como um retardatário pode ter sucesso com um alvo claro em um segmento de produtos e investimentos agressivos em processos de fabricação".[39]

Pesquisar, descobrir e organizar: concentre a atenção

Na busca por inovações, examinar e compor o ambiente para recebê-las são pré-requisitos para o sucesso comercial. A P&G, com uma estrutura de 9 mil funcionários na área de P&D, impulsiona sua rede aberta de inovações para drenar anualmente as ideias de 1,5 milhão de pessoas; 50 funcionários agem como empresários de tecnologia e buscam ideias em congressos científicos e entre redes de fornecedores. Cloyd reconhece que como "só existem muitas boas ideias", uma coisa é ter amplo alcance, mas outra é organizar as informações.[40] "Em um mundo com tantas ideias", diz Wexner, da The Limited, é necessário "filtrar as coisas", tema esse também abordado por Shackelford, do Fifth Third.[41]

Porém, esse filtro raras vezes, senão nunca, é feito sistematicamente. No entanto, sem "ter as ferramentas e os procedimentos para sondar produtos/modelos", diz Stan Vriends da Carraro, existe pouca chance de a pesquisa produzir os resultados desejados.[42]

Realize pesquisas sistemáticas

RECENTEMENTE O *WALL STREET JOURNAL* resenhou um livro intitulado *Under the lid: A fresh sales idea*, mas a ideia descrita é tudo, menos novidade. O autor recorda como a empresária Brownie Wise se inspirou para vender Tupperware em reuniões sociais quando trabalhava na Stanley Home Products, que foi pioneira no conceito de venda de suprimentos de limpeza. Wise foi alertada para o potencial dos Tupperware por uma de suas *protégés* da Stanley, que os encontrou por acaso.[43]

Os bons imitadores não esperam pela sorte nem pela dica de alguém. Eles sabem, como uma pesquisa revelou, que trabalhar com inteligência é um prognóstico vital do sucesso da imitação. Eles estabelecem canais de pesquisa, inclusive relacionamento baseado em locais. Como os imitadores que invadiram a White Castle, registrando cada coisa da loja, do *design* às rotinas operacionais, eles desenvolveram capacidades para recolher e examinar informações.[44]

Os bons imitadores estudam seus modelos obsessivamente: antes de fundar o Walmart em 1962, Sam Walton visitou a Korvette e outras lojas de descontos e se reuniu com executivos das cadeias de descontos, inclusive diretores de Spartan, Zayre e Mammoth Mart. Walton apareceu no Fed-Mart da Sol Price armado com um microgravador e tomou notas detalhadas.[45] Anos depois, Walton visitou cada loja Kmart para aprender com o que era então considerado um modelo superior. "Eu visitava as lojas constantemente, pois eles eram o laboratório e eram melhores do que nós", disse Walton. "Ficava um bom tempo perambulando pelas lojas, conversando com as pessoas, tentando imaginar como eles faziam as coisas".[46]

Em 2002, Yong-Jin Chung, VP executivo do E-Mart da Coreia, levou um grupo de negociantes e compradores para um giro global. Em uma parada, eles passaram dois dias inspecionando a loja do Walmart em Bentonville, registrando os detalhes de como o tempo de reposição ocorria. O E-Mart se tornou um comprador racional selecionando elementos dos Estados Unidos, do Japão e da Europa, entre outros, para se tornar a versão coreana de um varejista de descontos.

É mais viável realizar a pesquisa sistemática quando os modelos são bem conhecidos e limitados em quantidade. Por exemplo, a Teva, líder global em medicamentos genéricos, tem uma equipe de 135 advogados à espreita de pontos fracos em patentes, que implicam em aberturas para os genéricos.[47] Os imitadores eficazes desenvolvem rotinas de coleta e disseminação para se aproveitar da fidelidade e da confiabilidade que vem com a repetição, um árduo processo na indústria de estruturas e máquinas ferramentas, onde o *design* do produto é complexo, demorado e dispendioso. Mas vale a pena: pesquisadores da *Vision* descobriram que mesmo que a observação simples fosse suficiente para desencadear a imitação, repetir a observação e a execução reduzia significativamente os erros de reprodução, e podia reduzir o custo de disseminação e absorção, que representam 20% dos custos da transferência de tecnologias.[48]

Como é menos provável que estranhos estejam por dentro das oportunidades de imitação, é tentador pensar em membros da organização modelo como uma fonte primária. Porém, confiar em informantes tem seus próprios riscos; os executivos seniores podem idealizar o modelo ou podem estar muito distantes da esfera de ação. É vital conversar com pessoas das trincheiras, como Sam Walton fez, e solicitar dados adicionais a ser justapostos com os dados dos informantes. Considerando o risco estratégico de informações vazarem para aspirantes a imitadores, também é importante limitar a distribuição de informações importantes a pessoas de confiança. Por fim, mas não menos importante, mesmo quando você estiver realizando pesquisa sistemática, vale a pena manter o espírito empresarial. Les Wexner da The Limited tirava um mês por ano para viajar ao redor do mundo, tirando fotos e tomando nota de cada coisa que pudesse valer a pena adotar ao voltar para casa.

Encontre e selecione

Encontrar É A CAPACIDADE de identificar e selecionar os mais promissores alvos de imitação de um conjunto diversificado. Descobertas eficazes necessitam de um processo dinâmico que simule como um elemento potencial pode se encaixar no sistema receptor, e para isso é preciso ter na empresa pessoas com muito conhecimento do modelo já utilizado e que sejam, acima de tudo, curiosas.

Clark, da Cardinal Health, diz que os descobridores precisam ser tecnologicamente astutos para agarrar as oportunidades embutidas em um modelo mentalmente distante.[49] Eles devem ser capazes de realizar a *engenharia projetiva*: assim como a engenharia reversa envolve a reconstituição do processo original pelo qual o produto ou serviço foi composto, a engenharia projetiva exige a capacidade de visualizar como uma imitação se encaixaria em um produto, processo ou modelo para o futuro.

Essa tarefa é especialmente desafiadora além dos limites da indústria – poucos funcionários têm conhecimentos para perceber um alvo em potencial em outra indústria –, mas isso pode ser gratificante. Para direcionar os planos de cores e estilos, por exemplo, a Sherwin-Williams pesquisa a indústria de tecidos e de roupas, e também estilistas como Ralph Lauren e Martha Stewart. A Cardinal Health e a Liz Claiborne fazem intercâmbio entre seus funcionários, uma forma de as duas empresas identificarem práticas que mereçam ser imitadas. A P&G faz o mesmo com o Google para aprender sobre mundo on-line, enquanto o Google aprende sobre as capacidades dos produtos que instigam os consumidores.

Contextualizar: coloque a imitação no contexto

Contextualizar: coloque a imitação no contexto

Contextualizar é visualizar as oportunidades de imitação não como átomos isolados, mas como partes interligadas de um sistema complexo dentro do qual elas estão embutidas e isso explica, ou condiciona, sua forma e seu resultado. Vriends, executivo da Carraro, observa que "a imitação sem o entendimento do contexto do produto ou serviço não funciona", pois não leva em conta os ajustes necessários às principais peculiaridades ambientais que variam entre o modelo e o imitador.[50] Isso parece com a adaptação dos sistemas de escrita importados, dos quais certas letras são retiradas para ajustá-los à falta de sons correspondentes, ou com a imitação do Japão e da Índia do sistema postal britânico, que omitiu práticas que não se adaptavam à ordem social desse país, como nomear mulheres para chefiar agências.[51]

Ter consciência das diferenças ambientais é crítico: as redes nacionais de rádio falharam ao tentar imitar as rádios locais porque, entre outras razões, a programação dependia do conhecimento local, que as redes não tinham.[52] Bill Diffenderffer, da Skybus, diz que os financiadores da linha aérea não entendiam que os Estados Unidos não tinham o denso mercado europeu servido pela Ryanair; eles também não viram que os passageiros oriundos das pequenas cidades do meio-oeste, como Columbus, em Ohio, não estavam prontos para pagar o bônus pelo serviço no estilo da JetBlue como os nova-iorquinos faziam.

Em todos esses exemplos, deixar de considerar o contexto foi a principal razão do fracasso. Mesmo no caso contrário, imitadores bem-sucedidos podem deixam o ponto escapar. Por exemplo, Walton, do Walmart, inicialmente não compreendeu que os hipermercados, uma ideia que ele trouxe do Brasil, floresceram na Europa e na América do Sul porque não existiam supermercados e armazéns em estilo norte-americano disponíveis por lá.[53]

Desenvolver capacidades de contextualização exige abandonar termos do jargão da estratégia como *externalidades* e *idiossincrasias* – que atribuem ao ambiente um hipotético papel marginal – e substituí-los pela opinião específica da região, da indústria e da empresa, que permite o exame rico e significativo de um alvo de imitação e sua potencial adaptação. Para compensar o fracasso da maioria dos programas de negócios em estabelecer o contexto (que se refletiu no desaparecimento dos programas internacionais de negócios), as empresas precisam treinar os executivos para introduzir o contexto proativamente quando extraem lições das imitações anteriores. Em vez de criar modelos abstratos, que simplificam demais um mundo complexo com base em uma análise orientada para o passado, os executivos deveriam aprender a captar os emaranhados ambientais e a desenvolver as habilidades analíticas que lhes possibilitarão manejar o problema da concordância.

Mergulhar fundo: vá além da superfície

Mergulhar fundo: vá além da superfície

CARL KOHRT, que liderou a bem-sucedida incursão da Kodak na China antes se tornar presidente e CEO da Battelle, recorda que os sócios chineses esperavam erguer na perfumada Xiamen uma réplica das instalações da Kodak em Rochester, cujo telhado maciço foi projetado para resistir às pesadas nevascas de Rochester. Embora esse exemplo pareça extremo, é tentador reduzir informações sobrecarregadas copiando "do jeito que é". A abordagem pode fazer sentido no caso de um sistema codificado complexo, como no caso da cópia exata, no qual os fabricantes de semicondutores produzem uma réplica idêntica de suas plantas, com a mesma tinta nas paredes para o caso de isso fazer diferença no processo de produção. Mas essa tática raramente se desenvolve em outro lugar, especialmente quando um modelo de negócios complexo está em pauta.

Wexner, da The Limited, concorda que as pessoas tendem a procurar respostas fáceis e superficiais para problemas complexos. Bons imitadores, ele diz, apreciam a complexidade. Maus imitadores, não.[54]

Bill Diffenderffer recorda que os investidores da Skybus esperavam que a linha aérea combinasse dois modelos que funcionavam – o da Southwest e o da Ryanair – em um, superando as contradições (por exemplo: serviço superior *versus* o mais baixo custo possível), inerentes na combinação. Veteranos e analistas da indústria que observaram o predomínio da Southwest em cidades densas e em mercados casados concluíram que o modelo ponto a ponto era praticável somente nesses mercados, deixando de perceber que a estrutura de baixo preço das passagens das linhas aéreas foi o fator que as fez começar por esses mercados de elevada densidade, e que a maior produtividade da Southwest tornou as viagens curtas rentáveis.[55] A análise do modelo da Southwest foi simplista, e confundiu correlação com causalidade. Como um executivo da Continental relata: "Pegamos dez anos de dados da Southwest e fizemos a regressão. Dissemos: se fizermos 'x', vamos conseguir 'y'. Imaginamos que se baixássemos os preços das passagens, teríamos esse tanto de movimento. Mas não calculamos o coeficiente do potencial de tráfego individual de cidades parelhas".[56]

Decifre causa e efeito

O FOCO NOS RESULTADOS sem o entendimento dos meios e processos para produzi-los levará à "imitação cega dos sobreviventes percebidos em vez de ao esforço deliberado para construir teorias causais a respeito de como prosperar", de acordo com J. Kim e A. Miner.[57] Essa não é uma tarefa fácil. Por exemplo, Chris Connor, da Sherwin-Williams, recorda como sua empresa tentou em vão imitar um pincel feito por um pequeno concorrente, a Purdy, e depois de décadas de tentativas terminou adquirindo a empresa.

O mergulho profundo exige o desenvolvimento de capacidades, cultura e rotinas que possibilitem a análise sofisticada de causa e efeito. Para decifrar um modelo complexo, a teoria cognitiva de imitação dirigida sugere *decomposição*, ou a separação cognitiva de um ato em seus aspectos separados, seleção de aspectos críticos da meta e ordenação hierárquica de metas e meios. A decomposição é feita via *análise de comportamento*, que segmenta uma atividade em suas partes componentes e ajuda a compreender, adotar, descarregar ou substituir elementos com base em sua sequência lógica.

Por si mesma, a análise pode ser contraproducente se leva a negligenciar a relação entre os elementos, e assim precisa ser acompanhada pelo *conhecimento arquitetônico*: o entendimento de como os vários componentes se encaixam no sistema inteiro, inclusive os efeitos da interação. Desenvolver esse conhecimento exige examinar o papel de cada componente no sistema geral, avaliar prioridades e identificar os principais condutores. O processo é intenso e, embora rigoroso, é ao mesmo tempo eclético – exatamente o processo que se acredita levar à inovação científica.[58] Em negócios, esse processo é especialmente desafiador, pois lida com "pequenas histórias" que envolvem apenas poucos estágios da experiência.[59]

Implementar: a imitação de fato

Implementar: a imitação de fato

Segundo Schumpeter, os economistas distinguem a invenção da inovação, pois a invenção não tem impacto até ser implementada. Basta perguntar à Xerox, cujo PARC gerou a interface gráfica do computador e o mouse e às invenções dos PDAs – todas beneficiaram outros empreendedores, mas não a empresa. Sam Walton certificava-se de que seus empréstimos funcionavam ao testá-los incansavelmente com variantes em suas lojas. Chung, do E-Mart, fazia o mesmo.

Don Shackelford observa que, em muitos sentidos, a execução é a principal capacidade na imitação. A Zara, uma empresa europeia de varejo de roupas, ele afirma, está copiando as últimas tendências e os últimos *designs* da moda, exatamente como qualquer um; sua vantagem, porém, é colocar um modelo no mercado em quatro semanas, enquanto os demais levam mais tempo.[60] A imitação bem-sucedida exige tanto o entendimento das ações do modelo como a capacidade de replicar essas ações. Os bancos indonésios deixaram de se beneficiar das oportunidades da imitação porque não planejaram sua implementação; por exemplo, eles não prepararam as rotinas de acompanhamento.[61]

Um plano de implementação deve levar em conta as capacidades de imitação da organização, inclusive os recursos a ser alocados ou realocados. Quando a Continental Airlines começou seu serviço *lite*, removeu 60 aeronaves das operações principais precipitadamente, ajuste que resultou em falta de peças de reposição disponíveis nos aeroportos e no consequente cancelamento de voos.[62] Implementação também diz respeito à persistência: Sam Walton demorou anos para aperfeiçoar seus empréstimos e a Microsoft precisou desenvolver quatro versões do Internet Explorer antes que seu navegador vencesse a guerra contra o original, o Netscape.

Como outros processos de imitação, a implementação se aproveita da formação de equipes interdisciplinares, cada um levando sua própria perspectiva para a mistura. Considerando que todos os executivos seniores do Kmart eram antigos gerentes de loja com o mesmo *background*, Walton, do Walmart, vasculhou o país atrás de especialistas em campos que variavam da logística às comunicações.[63] Essa prática é essencial, principalmente hoje em dia, por causa do aumento da complexidade e da elevação nas proporções dos produtos, sem contar os modelos, que exigem múltiplas fontes de especialidades. Para melhorar seus produtos da marca Oil of Olay, a P&G reuniu executivos do departamento de cuidados com a pele (que achavam as substâncias tensoativas necessárias para a limpeza facial), com pessoas da área de lenço de papel e papel toalha (que possuíam conhecimentos a respeito de substratos).[64]

Também é mais provável que essas equipes se ajustem a uma mudança no paradigma como a revolução dos genéricos. De acordo com Tom Ludlam, da Prologue, a revolução definiu que os custos de fabricação e o volume se tornaram os principais fatores da rentabilidade, mas o corte de custos, os atributos enxutos e agressivos necessários a um fabricante de genéricos bem-sucedido eram exatamente o oposto daquilo que a empresa farmacêutica representava: ser intelectual e inovadora.[65] Em recente entrevista, Shlomo Yanai, CEO da Teva, líder mundial fabricante de genéricos, explicou por que ele não se preocupava com a decisão dos inovadores de entrar no mercado de genéricos, dizendo que "você não pode pegar um gato persa e educá-lo para se tornar um gato de rua".[66]

Tudo dito, as seis capacidades discutidas neste capítulo são relacionadas e complementares. Sem os referenciais, a imitação nem começa ou leva a pesquisas erradas. Sem exame, busca e organização não haverá muito a contextualizar. E, na ausência da contextualização, o mergulho profundo não pode ser adequadamente conduzido ou, por causa disso, implementado.

Esse não deveria ser um processo rígido. A imitação precisa ser abordada sistematicamente, mas com criatividade, sem perder a visão da natureza intensa, eclética e cíclica do processo. Por exemplo, descobrir uma ideia em potencial normalmente leva a exames complementares, na medida em que a empresa pesquisa informações adicionais (como se outros concorrentes já a adotaram ou se estão de posse de uma armadilha melhor) e problemas iniciais de implementação podem indicar a necessidade de retornar ao mergulho profundo para entender o que deu errado. Se isso soa muito como inovação, é isso: como eu argumentei, a inovação e a imitação têm muito em comum, e a vantagem competitiva depende das nossas capacidade de reuni-las.

Lembretes

1 As capacidades de imitação podem ser desenvolvidas, e seu desdobramento é crucial para o sucesso dos esforços de imitação.

2 As capacidades de imitação incluem prontidão, referenciais, pesquisa/descoberta/organização, contextualização, mergulho profundo e implementação.

3 O processo de imitação deve ser sistemático, embora eclético e criativo.

NOTAS

1 Apolônio de Tiana, conforme Filostratus *apud* GOMBRICH, E. H. *Art and illusion*: a study in the psychology of pictorial representation. Nova York: Phaidon, 2002.

2 MITCHELL, R. W. A comparative-developmental approach to understanding imitation. In *Perspectives in ethology*, v. 7, eds. P. P. G. Bateson e P. H. Klopfer. Nova York: Plenum, 183-215, 1987.

3 LEVITT, T. Innovation and imitation. *Harvard Business Review*, 63-70, set.-out. 1966.

4 SCHEWE, G. Imitation as a strategic option for external acquisition of technology. *Journal of Engineering and Technology Management* 13, 55-82, 1996 (citado na 73).

5 DALEY, C. Entrevista com o autor, 18 nov. 2008.

6 NOWELL, L. Entrevista com o autor, 12 jan. 2009; FISCHER, A. Entrevista com o autor, 24 mar. 2008; WEXNER, L. Entrevista com o autor, 2 out. 2008.

7 DYER, H. *Dai Nippon:* a study in national evolution. London: Blackie and Sons, 425-426, 1904 *apud* WESTNEY, D. E. *Imitation and innovation*: the transfer of

Western organizational patterns to Meiji Japan. Cambridge: Harvard University Press, 1987.

8 QUIAMZADE, A. Imitation and performance in confrontations between competent peers: the role of the representation of the task. *European Journal of Psychology of Education* 22, 3, 243-258, 2007.

9 KOHRT, C. Entrevista com o autor, 5 de mar. 2008; CLOYD, G. Entrevista com o autor, 4 fev. 2009; VRIENDS, S. Entrevista com o autor, 24 jun. 2008; SHACKELFORD, D. Entrevista com o autor, 31 mar. 2008.

10 HENDERSON, R. M.; Clark, K. B. Architectural innovation: the reconfiguration of existing product technologies and the future of established firms. *Administrative Science Quarterly* 35, 9-30, 1990.

11 NOWELL, L. Entrevista com o autor, 12 jan. 2009. WEXNER, L. Entrevista com o autor, 2 out. 2008.

12 DIAMOND, J. *Guns, germs and steel*. Nova York: Norton, 2005 (1997).

13 *Brownies points* são pontos positivos que as pessoas ganham quando fazem algo a alguma autoridade. (N. do E.)

14 LEVITT, 1966, p. 69, 70.

15 WEXNER, L. Entrevista com o autor, 2 out. 2008.

16 BANDURA, A. *Social learning theory*. Englewood Cliffs, NJ: Prentice-Hall, 1977.

17 DALEY, C. Entrevista com o autor, 18 nov. 2008.

18 CLOYD, G. Entrevista com o autor, 4 fev. 2009.

19 SHACKELFORD, D. Entrevista com o autor, 31 mar. 2008.

20 MINER, A. S.; HAUNSCHILD, P. R. Population level learning. In *Research in organizational behavior*, eds. B. M. Staw e L. L. Cummings. Greenwich, CT: JAI Press, 115-166, 1995; HAUNSCHILD, P. R.; MINER, A. S. Modes of interorganizational imitation: the effects of outcome salience and uncertainty. *Administrative Science Quarterly* 42, 3, 472-500, 1997; KORN, H. J.; BAUM, J. A. Chance, imitative and strategic antecedents to multimarket contact. *Academy of Management Journal* 42, 2, 171-193, 1999; CULLEN, M. F. Experience, imitation, and the sequence of foreign entry: wholly owned and joint-venture manufacturing by South Korean firms and business groups in China, 1987-1995. *Journal of International Business Studies* 34, 185-198, 2003; DIMAGGIO, P. J.; POWELL, W. W. The iron cage revisited: institutional isomorphism and collective rationality in organizational fields. *American Sociological Review* 48, 147-160, 1983; HENISZ, W. J.; DELIOS, A. Uncertainty, imitation, and plant location: japanese multinational corporations, 1990-1996. *Administrative Science Quarterly* 46, 443-475, 2001.

21 MINER, A. S.; HAUNSCHILD, P. R. Population level learning. In *Research in organizational behavior*, eds. B. M. Staw e L. L. Cummings. Greenwich, CT: JAI Press, 115-166, 1995; HAUNSCHILD, P. R.; MINER, A. S.. Modes of interorganizational imitation: the effects of outcome salience and uncertainty. *Administrative Science Quarterly* 42, 3, 472-500, 1997; KORN, H. J.; BAUM, J. A. Chance, imitative and strategic antecedents to multimarket contact. *Academy of Management Journal* 42, 2, 171-193, 1999; CULLEN, M. F. Experience, imitation, and the sequence of foreign entry: wholly owned and

jointventure manufacturing by South Korean firms and business groups in China, 1987-1995. *Journal of International Business Studies* 34, 185-198, 2003; DIMAGGIO, P. J.; POWELL, W. W. The iron cage revisited: institutional isomorphism and collective rationality in organizational fields. *American Sociological Review* 48, 147-160, 1983; HENISZ, W. J.; DELIOS A. Uncertainty, imitation, and plant location: japanese multinational corporations, 1990-1996. *Administrative Science Quarterly* 46, 443-475, 2001; WESTNEY, E. *Imitation and innovation*: the transfer of Western organizational patterns to Meiji Japan. Cambridge: Harvard University Press, 1987.

22 HIGGS, P. G. The mimetic transition: a simulation study of the evolution of learning by imitation. *Proceedings: biological sciences* 267, 1450, 1355-1361, 2000; ZENTALL, T. A. Imitation: definitions, evidence, and mechanisms. *Animal Cognition* 9, 335-353, 2006.

23 HUBER, G. P. Organizational learning: the contributing process and the literatures. *Organization Science* 2, 88-115, 1991; MINER; HAUNSCHILD, 1995; WHITE, H. C. Where do markets come from? *American Journal of Sociology* 87, 517-547, 1981; PORAC, J. F.; THOMAS, H.; WILSON, F.; PATON, D.; KANFER, A. Rivalry and the industry model of Scottish knitwear producers. *Administrative Science Quarterly* 40, 203-229, 1995.

24 PFEFFER, J.; SUTTON, R. I. Harvard business school working knowledge, 2006 (baseado em *The knowing-doing gap*, do autor. Boston: Harvard Business School Press, 2000); HUBER, 2001; MINER; HAUNSCHILD, 1981; WHITE, H. C. Where do markets come from? *American Journal of Sociology* 87, 517-547, 1981; PORAC, THOMAS, WILSON, PATON; KANFER, 1995; LEVINTHAL, D. A.; MARCH, J. G. The myopia of learning. *Strategic Management Journal* 14, 95-113, 1993; BAUM, J. A. C.; LI, S. X.; USHER, J. M. Making the next move: how experiential and vicarious learning shape the locations of chains' acquisitions. *Administrative Science Quarterly* 45, 766-801, 2000; ROSENBERG, N. *Perspectives on technology*. Nova York: Cambridge University Press, 1976; ROSENBERG, N. *Inside the black box*: technology and economics. Nova York: Cambridge University Press, 1982 *apud* SCHMITZ, J. A. Imitation, entrepreneurship, and long-run growth. *Journal of Political Economy* 97, 3, 721-739, 1989.

25 WEXNER, L. Entrevista com o autor, 2 out. 2008.

26 CLOYD, G. Entrevista com o autor, 4 fev. 2009.

27 KILLGALLON. Entrevista com o autor.

28 NOWELL, L. Entrevista com o autor, 12 jan. 2009. WEXNER, L. Entrevista com o autor, 2 out. 2008.

29 CLARK, R. Entrevista com o autor, 11 dez. 2008.

30 DIFFENDERFFER, W. Entrevista com o autor, 23 out. 2008; KOHRT, C. Entrevista com o autor, 5 mar. 2008.

31 ALTMAN, L. K. A checklist to protect patients in surgery. *International Herald Tribune*, 26 jun. 2008; COOPE, K. Getting "smart" about role models. *Chain Store Age*, 46 a 48, out. 2006; NUNES, P. F.; MULANI, N. P.; GRUZIN, T. J. Leading by imitation. *Outlook* 1, jan. 2007.

32 GITTELL, J. H. *The Southwest Airlines way*. Nova York: McGraw-Hill, 5, 2003.

33 TEDLOW, R. S. *New and improved*: the story of mass marketing in America. Nova York: Basic Books, 1990.

34 KOHRT, C. Entrevista com o autor, 5 mar. 2008; FISCHER, A. Entrevista com o autor, 24 mar. 2008.

35 SHACKELFORD, D. Entrevista com o autor, 31 mar. 2008.

36 Steve Jobs speaks out. *CNNMoney/Fortune*, 6 mar. 2008. Disponível em: <http://money.cnn.com/galleries/2008/fortune/0803/gallery.jobsqna.fortune/index.html>.

37 MARCH, J. G.; SPROULL, L. S.; TAMUZ, M. Learning from samples of one or fewer. *Organization Science* 2, 1, 1-13, 1991; KIM, J. Y.; MINER, A. S. Vicarious learning from the failures and near-failures of others: Evidence from the US commercial banking industry. *Academy of Management Journal* 50, 2, 687-714, 2007; LEVINTHAL, D. A.; MARCH, J. G. The myopia of learning. *Strategic Management Journal* 14, 95-113, 1993; MILLER, D. The architecture of simplicity. *Academy of Management Review* 18, 1, 116-138, 1993.

38 SHACKELFORD, D. Entrevista com o autor, 31 mar. 2008.

39 CHO, D. S.; KIM, D. J.; RHEE, D. K. Latecomer strategies: evidence from the semiconductor industry in Japan and Korea. *Organization Science* 9, 4, 489-505, 1998 (citado na 498).

40 CLOYD, G. Entrevista com o autor, 4 fev. 2009.

41 WEXNER, L. Entrevista com o autor, 2 out. 2008; SHACKELFORD, D. Entrevista com o autor, 31 mar. 2008.

42 VRIENDS, S. Entrevista com o autor, 24 jun. 2008.

43 LASWELL, M. Under the lid: A fresh sales idea (review of *Tupperware unsealed* by Bob Kealing, U. of Florida Press, 2008). *Wall Street Journal*, 30 jul. 2008.

44 HOGAN, D. G. *Selling 'em by the sack*: white Castle and the creation of American food. Nova York: NYU Press, 2007; RIVKIN, J. W. Reproducing knowledge: replication without imitation at moderate complexity. *Organization Science* 12, 3, 274-293, 2001; Big bite. *Economist*, 107, 26 abr. 2008.

45 ORTEGA, B. *In Sam we trust*. Nova York: Times Business/Random House, 1998.

46 WALTON, Sam *apud* TEDLOW, 1990.

47 KIMES, M. The king of low cost drugs. *Fortune*, 17 ago. 2009.

48 GREENSTEIN, S. Imitation happens. *Micro Economics*, 67-69, maio-jun. 2004; AGAM, Y.; GALPERIN, H.; GOLD, B. J.; SEKULER, R. Learning to imitate novel motion sequences. *Journal of Vision* 7 (5), 1, 1-17, 2007; TEECE, D. J. Technology transfer by multinational firms: the resource cost of transferring technological know-how. *Economic Journal* 87, 242-261, 1977.

49 CLARK, R. Entrevista com o autor, 11 dez. 2008.

50 VRIENDS, S. Entrevista com o autor, 24 jun. 2008.

51 DIAMOND, 2005; WESTNEY, 1987.

52 LEBLEBICI, H.; SALANCIK, G. R.; COPAY, A.; KING, T. Institutional change and the transformation of interorganizational fields: an organization history of the US radio broadcasting industry. *Administrative Science Quarterly* 36, 333-363, 1991.

53 ORTEGA, 1998.

54 WEXNER, L. Entrevista com o autor, 2 out. 2008.

55 GITTELL, 2003.

56 GITTELL, 2003, p. 217.

57 KIM; MINER, 2007, p. 692.

58 MELTZOFF, A. N.; DOCETY, J. What imitation tells us about social cognition: a rapprochement between developmental psychology and cognitive neuroscience. *Philosophical Transactions*: biological sciences 358, 1431, 491-500, 2003; MARCH; SPROULL; TAMUZ, 1991; WOHLSCHLAGER, A.; GATTIS, M.; BEKKERING, H. Action generation and action perception in imitation: an instance of the ideomotor principle. *Philosophical Transactions: biological sciences* 358, 1431, 501-515, 2003; BYRNE, R. W. Imitation as behavior parsing. *Philosophical transactions*: biological sciences 358, 1431, 529-536, 2003; HARLEY, S.; CHATER, N. Introduction: the importance of imitation. In *Perspectives on imitation*: from neuroscience to social science, eds. S. Harley e N. Chater. Cambridge, MA: MIT, 2007; SPENCE, K. W. Experimental studies of learning and higher mental processes in infra-human primates. *Psychological bulletin* 34, 806-850, 1937 (conforme citado em BYRNE, 2003).

59 MELTZOFF; DOCETY, 2003; KIM; MINER, 2007; MARCH; SPROULL; TAMUZ, 2007; WOHLSCHLAGER; GATTIS; BEKKERING, 2003; BYRNE, 2003; HENDERSON; CLARK, 1990; HARLEY; CHATER, 2007; SPENCE, 1937.

60 SHACKELFORD, D. Entrevista com o autor, 31 mar. 2008.

61 MCKENDRICK, D. Building the capabilities to imitate: product and managerial know-how in Indonesian banking. *Industrial and Corporate Change* 3, 513-535, 1994.

62 BRYANT, A. Continental is dropping "Lite" service. *New York Times*, 14 abr. 1995.

63 ORTEGA, 1998.

64 HOF, R. D. At P&G, it's 360 degrees innovation. *Business Week*, 11 out. 2004 (baseado em uma entrevista com G. Cloyd).

65 LUDLAM, T.. Entrevista com o autor, 8 maio 2008.

66 KIMES, 2009.

6

Estratégias para superar os melhores

AS EMPRESAS NÃO ESTÃO ESTRUTURADAS NESSE SENTIDO... EXISTE TODO UM PROCESSO EM TORNO DA INOVAÇÃO QUE NÃO EXISTE EM TORNO DA IMITAÇÃO.

Lionel Nowell, ex-PepsiCo

Há quase meio século, Theodore Levitt comentou a respeito da necessidade de desenvolver estratégias de imitação. O ritmo da inovação estava acelerado e ele percebeu que essa taxa de crescimento aumentava a urgência de desenvolver e implantar algumas estratégias. No entanto, ele descobriu que mesmo empresas bem administradas, que davam muita atenção para a inovação, abordavam a imitação de um jeito que não era "um processo nem planejado e nem cuidadoso", mas "aleatório, acidental e reativo, uma reação quase cega àquilo que os outros tinham feito". Nenhuma empresa tinha uma estratégia de imitação implantada.[1]

Duas décadas depois, um estudo descobriu que em um grupo de 129, o número médio das empresas que foram capazes de duplicar um processo ou produto foi de seis a dez, e se o processo ou produto fosse maior, o número caía para entre três e cinco.[2] Se a tarefa tivesse sido mais complexa – vamos dizer, a imitação de um modelo de negócios – e se os executivos tivessem sido indagados a respeito de ter uma estratégia madura de imitação, com certeza os números continuariam a baixar.

As minhas próprias observações e entrevistas confirmam que a estratégia de imitação, em geral, continua ausente. Muitos executivos com os quais conversei sequer reconheciam o contato com a imitação, mas mesmo aqueles que se atreviam a pronunciar a letra "i" admitiam que suas empresas não lidavam com a imitação de maneira sistemática e muito menos estratégica. Quando as empresas seguem a rota da imitação, diz Lionel Nowell, é, por padrão, porque falharam em seu esforço de inovação, e não como uma estratégia bem pensada.[3]

Os que se beneficiam da imitação parecem fazer isso pela boa sorte, aproveitando os erros dos pioneiros. Como no caso da Disney: não que eles "tenham batido os pioneiros e os primeiros concorrentes do mercado", mas "os últimos mais ou menos autodestruídos".[4] É surpreendente que esse continue sendo o caso, considerando os repetidos fracassos de imitação, as crescentes pressões competitivas e o despertar dos cientistas biológicos e cognitivos para a imitação como uma sofisticada, valiosa e rara faculdade.

Será que a imitação pode ser estratégica?

Será que a imitação pode ser estratégica?

De acordo com Michael Porter, "a estratégia se restringe a atividades exclusivas, escolhendo deliberadamente um conjunto de atividades diferentes para fornecer um conjunto exclusivo de valores".[5] A imitação parece, à primeiro vista, violar esse princípio, pois indica, por definição, emprestar de alguém. A imitação, porém, pode fazer parte de um conjunto de atividades que é distinta de sua forma derivativa ou de sua arquitetura combinável, e ela tem o potencial de fornecer – especialmente quando associada com a inovação, mas às vezes numa base independente – valor exclusivo. Dizer "exclusivo" também levanta as questões: "em qual espaço?" e "em qual formato?" Uma imitação pode ser a réplica de um produto, processo ou modelo existente, e ainda ser novidade para um determinado produto, mercado ou região, ou pode ser um derivativo suficientemente diferenciado para formar um valor impulsor importante.

Quando mesclada com inovações e outras imitações – produzindo uma mistura diferente –, a importação e adaptação de ideias, práticas e modelos não apenas apoia atividades essenciais como também sustenta a vantagem competitiva da empresa. Pode não ser possível, como Porter argumenta, replicar exatamente o modelo da Southwest Airlines, com seus intricados elementos entrelaçados, mas é possível, não só para continuar lucrativo, fazer uma cópia como a Ryanair, que excede os aspectos codificados, ou como a EasyJet, que imita o original e seu derivativo JetBlue. Também é possível, como a Apple ou o Walmart, ser uma montadora que empresta dos outros e depois combina as importações com áreas inerentes de força para criar vantagem competitiva.

Este capítulo apresenta um quadro para a formulação, organização e exploração das estratégias de imitação. Para conseguir uma estrutura fácil de executar, os principais dilemas estratégicos são expressos nas questões básicas *onde* (a indústria ou o domínio de quem retirar a imitação), *o que* (o objeto da imitação: o produto, o processo ou o modelo de negócios inteiro), *quem* (a entidade por trás do modelo), *quando* (o ritmo da imitação) e *como* (o formato e o processo da imitação – por exemplo: esboçado ou detalhado). Reunidas, essas questões levam ao problema da concordância (a necessidade de fazer uma ponte nas margens entre o modelo original e a cópia variante) e sua solução, e finalmente à proposta de valor (a relação custo-benefício e retorno esperado).

Onde imitar

Onde imitar

As OPORTUNIDADES DE IMITAÇÃO estão em toda parte, mas há setores nos quais a imitação é especialmente viável. Por exemplo, como Peter Drucker sugere, o setor de alta tecnologia é propício para a imitação, pois as empresas desse setor tendem a enfocar na tecnologia em vez do mercado, abrindo as portas para imitadores astutos que estão sintonizados com as demandas do mercado, tanto por clones mais baratos como por produtos diferenciados.[6]

Também amplamente abertas à imitação são as indústrias de fabricação leve e de produtos de consumo, especialmente onde as marcas próprias são a norma. Em contrapartida, é difícil para os imitadores penetrar em indústrias como as de produtos químicos, por causa das proteções legais bem definidas, do investimento intensivo em capital e conhecimento, e da natureza altamente regulamentada do setor. Restrições similares limitam a imitação na indústria farmacêutica aos imitadores bem-dotados, com infraestrutura para superar essas barreiras.

Em geral, a imitação tende a ser mais fácil onde a proteção legal não é resistente e onde os ativos complementares não podem ser reunidos para proteger os inovadores.[7] Quase sempre se esquece, no entanto, que os imitadores podem impulsionar ativos complementares tanto como os inovadores. Foi isso o que a Honda e a Toyota fizeram quando utilizaram seus recursos financeiros, sua reputação e a flexibilidade de produção para afastar a GM e a Ford do segmento de minivans.

Quando se trata de produtos e serviços, a imitação funciona especialmente bem para os bens de consumo, como os computadores e os DVD *players;* ou para os serviços bancários básicos. Mercadorias de marca, como os sabões em pó, também não são difíceis de imitar. A P&G recentemente estendeu seus portfólios para alcançar os consumidores cujo fator crítico está mais concentrado no preço do que na qualidade, mas isso na verdade pode ajudar a penetração das marcas próprias no segmento das marcas registradas. O mesmo é válido para os serviços básicos, como banco on-line, que também se beneficia da imagem manchada de muitos competidores de renome. Em contraste, serviços complexos, como sistemas de faturamento de fornecedores de TI, são muito mais difíceis de imitar, a menos que seja possível modulá-los ou estabelecer uma aliança com concorrentes fortes. No caso dos processos, a proteção legal é ainda mais fraca, então, exceto onde o sigilo é mantido, os imitadores podem agir depois de quase qualquer processo que conseguem decifrar, de novas técnicas de produção a diferentes métodos de distribuição.

Os modelos de negócios são os menos protegidos e quase sempre os mais promissores alvos da imitação, pois oferecem a oportunidade de replicar um sistema de trabalho comprovado; porém, como vimos, modelos inteiros também são os mais difíceis de copiar, pois exigem os "neurônios espelhos" corporativos necessários para resolver o problema da concordância. No entanto, as oportunidades de imitação são abundantes. Mesmo quando os inovadores estão posicionados como fornecedores de soluções para bloquear os imitadores com menos capacidades, estes últimos podem levar a melhor oferecendo preços mais baixos enquanto desenvolvem as capacidades para enfim oferecer uma solução abrangente por conta própria ou com a ajuda de parceiros coligados. E ainda que o contexto seja sempre problema, certas abordagens da imitação, como a importação, podem impulsionar contingências ambientais com possibilidade de render um valor mais elevado do que o do original.

Em resumo, tudo pode ser imitado, mas algumas coisas são mais facilmente imitadas que outras. Embora seja importante avaliar quão fácil a imitação pode ser, essa é apenas a primeira questão a levantar em um processo que no final deve levar a questões a respeito da concordância entre o original e a cópia e sua capacidade de extrair valor da execução. Se você não conseguir respostas para essas questões – para não mencionar se você falhar em levantá-las –, então a imitação será um exercício incidental e perigoso. Embora tais perigos existam à espreita em qualquer atividade de negócios, é mais provável que se apresentem no caso da imitação, pois é mais fácil se deixar levar pelo conforto ilusório de algo que já está sendo praticado.

O que imitar

O que imitar

"Saber o que imitar e onde imitar" não é um assunto trivial, de acordo com Carl Kohrt, da Battelle.[8] Infelizmente, se de algum jeito a questão for levantada, ela quase sempre surge na forma de uma decisão residual sobre o que e onde inovar. Em outras palavras, nós escolhemos imitar onde não escolhemos inovar. A Dell, que entrou no mercado de computadores pessoais depois que ele já estava estruturado, concluiu que como "era tarde demais para desafiar as técnicas padrão e a rede de revendedores já estava formada" e com a Compaq "já muito forte no varejo", precisaria investir seus esforços inovadores em marketing e distribuição, e isso implicava em imitar todo o resto.[9]

Porém, a decisão sobre o que imitar não deve ser tomada com descuido. Mais do que isso, ela deve ser orientada por um plano estratégico, pela capacidade de impulsionar outros insumos e pelo potencial de proteger os diferenciais mais importantes; ela também precisa ser adaptada às particularidades da empresa, em vez de apenas seguir os elementos que mais se destacam de um modelo. Por exemplo, sugere-se que a paciência estratégica, um recurso do modelo Google, deveria ser copiada por empresas com missões amplas, um mercado potencialmente grande e a necessidade de mercadorias e serviços complementares, onde a contribuição de uma base maior de usuários torna o produto mais valioso.[10]

Escolher imitar as capacidades que se destacam de múltiplos modelos é especialmente problemático. É atraente, mas pouco realista, querer gerenciar estoques como o Walmart, simplificar processos como a Southwest e desenhar produtos como a Apple – ou, como a Chery Auto da China almeja, "aprender o controle de custos dos japoneses, a excentricidade dos coreanos, a pesquisa tecnológica dos alemães e as manobras de mercado dos norte-americanos".[11]

Ser um comprador racional pode ir contra o conceito popular das melhores práticas, mas é muito mais provável que traga uma imitação adequada. Então, é melhor refletir não apenas sobre as complementaridades, mas também sobre as possíveis contradições e conflitos entre os múltiplos modelos, cada um embutido em seu próprio conjunto de requisitos e circunstâncias. Lembre-se de evitar as contradições subjacentes, como aquelas que incomodaram a Skybus em suas ambições de ser tão implacável com os custos quanto a Ryanair, e tão boa com os consumidores quanto a Southwest e a JetBlue. Tenha em mente as barreiras internas, como a resistência dos funcionários (a síndrome do "não-foi-inventado-aqui") ou um processo ou produto que não são considerados de vanguarda, e trabalhe para neutralizar essa oposição.

Finalmente, em muitos casos os imitadores começam com um alvo em mente e terminam com outro. Uma empresa pode ficar tão encantada com algum elemento de um modelo que acabe procurando expandir o alvo de imitação para incluir outros elementos, ou mesmo tranferir sua atenção para o modelo inteiro do qual o elemento foi pinçado. Essa expansão não planejada, que aconteceu com a Continental e sua subsidiária Lite, aumenta as probabilidades de o modelo não ser totalmente examinado pelas hipóteses sobre as quais se apoia, ou pelas inter-relações entre seus elementos. É vital determinar o alvo com antecedência, pois assim que a imitação começa é muito difícil abortar o processo.

As operadoras de viagens que planejavam imitar a Southwest Airlines descobriram isso do jeito difícil, como Gordon Bethune, CEO da Continental, reconheceu ao descrever o lançamento da Continental Lite: "Foi algo que começou como um projeto piloto, que deveria ser testado antes da expansão. Mas, assim que a coisa começou a rolar, foi terrivelmente difícil mudar de atitude".[12] Inversamente, a empresa que começa com um modelo abrangente, mas termina com uma cópia fragmentada, por causa, por exemplo, de resistências internas ou questões de viabilidade, pode escolher alguma prática deficiente, que não se encaixa nos outros elementos.

A lição é que você não só deve fazer uma escolha explícita, inteligente e personalizada sobre o que vai imitar, mas também que, primeiro, a decisão seja tomada com base em uma análise estratégica completa, em vez de ser um retalho de onde escolheu inovar; e segundo, que você precisa esclarecer e disseminar, logo no início e com muitos detalhes, apenas aquilo que será imitado, por quem, quando e como; e, por fim, mas não menos importante, o porquê. Ajustes no meio do caminho do processo de imitação são possíveis, e podem muito bem ser necessários, mas devem continuar fazendo parte de um processo estratégico consciente, em vez de representar a montanha-russa que tenho visto repetidas vezes.

Quem imitar

Quem imitar

No Capítulo 5, discuti a questão de "quem imitar" sob o conceito da catalogação dos referenciais. Neste ponto, basta lembrar que a imitação dos suspeitos habituais – dos grandes, visíveis e bem-sucedidos competidores – nem sempre é uma boa ideia. Como Alan Rosling, estrategista chefe da Tata Motors, afirma ter feito, é tentador se apropriar das ideias da Berkshire Hathaway, da Mitsubishi e da GE. Mas o tiro pode sair pela culatra.[13]

As práticas em questão podem estar intimamente ligadas às particularidades dos modelos e de suas culturas nacionais e corporativas; além disso, os processos ou produtos de aplicação universal já podem ter sido copiados pelos concorrentes, desgastando as vantagens potenciais. Em vez disso, as empresas devem investir seus esforços e sua criatividade em identificar o que é trivial, insignificante, conflitante, difícil de encontrar. Não era totalmente óbvio para Sam Walton seguir o Fed-Mart (na época, uma loja de descontos no estreito segmento de mercado dedicado aos servidores públicos civis) como alvo relevante de imitação e buscar conselhos com seu fundador, Sol Price. No entanto, o esforço compensou consideravelmente, com Walton depois admitindo: "Acho que roubei – na verdade prefiro a palavra 'emprestei' –, mais ideias de Sol Price do que de qualquer outra pessoa desse mercado".[14]

Não deixe de considerar os modelos dos imitadores bem-sucedidos – isto é, não deixe de considerar as empresas que demonstram consistentemente que sabem onde, o que, quem, como e quando imitar, que imaginaram soluções para o problema da concordância, e que foram capazes de extrair valor da imitação. A Apple, o Walmart, a P&G, a PepsiCo, a Cardinal Health e a Zara, entre outros, têm demonstrado que sabem como usar a paridade como ponto de partida e criar com inovação. Porém, você também precisa aprender com as experiências das empresas que repetidas vezes falharam em imitar com sucesso.

Finalmente, não deixe de se envolver com a imitação interna: as evidências mostram que as melhores sementes de uma empresa podem ser duas vezes mais produtivas que a pior, então é uma boa ideia imitar internamente.[15] Alex Fischer, da Battelle, observa que os sete laboratórios nacionais operados por eles aprenderam a imitar uns aos outros.[16] A imitação interna é mais fácil graças ao acesso, à falta de barreiras legais e ao conhecimento de contextos e conteúdos. A experiência em imitação interna também pode servir para desenvolver algumas, senão todas, habilidades necessárias à imitação externa.

Em resumo, em vez de capturar os "suspeitos habituais" logo de cara, prepare uma lista bem ampla das referências potenciais nos quatro cantos do planeta. Faça dela o ponto principal para procurar alvos potenciais de locais e indústrias aparentemente distantes, talvez até designando pessoas para defender esses modelos do mesmo jeito que você nomearia "advogados do diabo" para apresentar opiniões contrárias. Quanto mais criativo você for no processo, menor a probabilidade de os outros imitadores produzirem os mesmos modelos; quanto mais inteligente você for nisso, menor a chance de fazer escolhas inadequadas.

Quando imitar

Quando imitar

De acordo com Kohrt, da Battelle, "a imitação sem o sentido temporal provavelmente está condenada".[17] Por definição, os imitadores seguem o pioneiro ou o inovador, mas quase sempre eles estão em posição de escolher se serão concorrentes iniciais ou posteriores. Em raras ocasiões é até possível passar à frente do original. Foi isso que o Japão Meiji fez quando colocou a hierarquia geral do exército sob as ordens diretas do imperador, antes mesmo disso ter sido feito pelas nações que conceberam a ideia em primeiro lugar, embora tenha enfrentado a oposição interna e outros obstáculos.[18]

As principais escolhas estratégicas referentes ao ritmo são de ser um *rápido primeiro imitador* (um jogador rápido que vem nos calcanhares do pioneiro), *alguém que corre por fora* (um concorrente retardatário no rastro dos primeiros imitadores, que utiliza fortes fatores de diferenciação) ou o *importador pioneiro* (o primeiro concorrente em outro tempo e espaço, seja em outro país, em outra indústria ou em um diferente mercado do produto). Cada estratégia tem vantagens e desvantagens e cada uma é afetada por seu próprio conjunto de contingências. Cada qual também exige seu próprio grupo de capacidades de imitação, então entender as capacidades que você tem ou que está em posição de desenvolver é pré-requisito para escolher quando imitar (além de outras questões estratégicas).

O primeiro imitador

COMO LEVITT OBSERVA: "O empresário não quer só alcançar o inovador bem-sucedido rapidamente mas, mais particularmente, quer fazer isso mais depressa que os outros aspirantes a imitadores, que também trabalham contra o relógio".[19] O primeiro imitador está no calcanhar do pioneiro antes de este último ter tido oportunidade de estabelecer um monopólio sólido e antes que os outros imitadores – às vezes chamados de "coelhos", para simbolizar a velocidade com que se multiplicam – possam erodir as vantagens. A estratégia do primeiro imitador, que procura captar o grosso das vantagens do pioneiro a custos menores e com maior probabilidade de sucesso, é apoiada pelos ecologistas. Eles argumentam que os seguidores têm melhores perspectivas de sobrevivência por causa da *desvantagem da novidade* sofrida pelos primeiros a chegar, que inclui a falta de legitimidade.

O primeiro imitador, que se move "quase instantaneamente para onde o outro está", é o imitador mais eficaz, especialmente quando a diferenciação não é viável, diz Nowell. De fato, estudos empíricos confirmam que o primeiro imitador pode captar até 75% da fatia do pioneiro.[20] A estratégia funciona especialmente bem quando uma empresa consegue penetrar em um mercado enquanto as barreiras permanecem elevadas para os outros aspirantes a imitadores. É o caso do fabricante de remédios genéricos que, assim que consegue quebrar uma patente com sucesso, é beneficiado com um monopólio de seis meses, e os seguidores posteriores precisam provar que suas próprias versões atendem ou excedem os padrões da FDA.

Por causa da necessidade de se mover depressa, a estratégia do primeiro imitador exige competências de imitação altamente desenvolvidas, referências superiores, pesquisa e descobertas para a implementação, além da infraestrutura para realizar a engenharia reversa, operações flexíveis e uma plataforma para conectar fornecedores de recursos e conhecimentos externos. Clayton Daley, CFO aposentado e ex-vice-presidente da P&G, diz que as capacidades de fabricação são o principal elemento de sucesso dos fabricantes de marcas próprias, pois o marketing e a distribuição são feitos pelo varejista.[21] Normalmente as grandes empresas já possuem essas capacidades e também desfrutam de outras vantagens, como o poder de barganha com os varejistas. Por exemplo, uma nova marca de cereal lançada por um recém-chegado ao mercado exige uma fatia de mercado de pelo menos 3% para sobreviver, mas um competidor estabelecido precisa de apenas 1%.[22] Grandes competidores também tendem a possuir capacidades significativas de P&D (particularmente na parcela da pesquisa), que são úteis para um movimento rápido.

Competidores menores e menos dotados podem continuar a seguir a estratégia do rápido primeiro imitador utilizando táticas de *compressão do tempo*, como a mobilização de fornecedores que trabalham com os proponentes iniciais, a transferência de tecnologia e o pulo do gato.[23] Pequenas empresas também podem impulsionar o mercado monitorando habilidades para ofuscar os primeiros concorrentes ao corrigir seus erros de lançamento.

Finalmente, todos os primeiros imitadores, grandes e pequenos, deveriam lembrar que o aumento da velocidade de imitação vem com uma etiqueta de preço alto, então as vantagens precisam ser contrabalançadas com os gastos extras e os riscos envolvidos com a entrada dos imitadores posteriores, que competirão no preço.

Os que correm por fora

Os QUE CORREM POR FORA são os retardatários que podem ter sido forçados a aguardar por causa de barreiras legais, regulamentações, dificuldades técnicas na montagem da operação de replicação, resistências internas ou pelo mercado dominado por dois ou mais competidores fortes. Os retardatários também podem tomar a decisão deliberada de entrar no mercado no momento mais oportuno – por exemplo, quando a confiança dos consumidores é mais elevada, ou a receptividade em relação à nova categoria de produtos é maior. Às vezes existe mérito em lançar um produto posteriormente com preços mais baixos, especialmente se os consumidores estiverem inseguros a respeito da qualidade do produto; porém, o lançamento posterior diferenciado por qualidade, preço, aparência ou interface do usuário geralmente é superior, pois, entre outras razões, evita uma perigosa guerra de preços.

Em alguns casos, a diferenciação é obrigatória, como no caso dos genéricos posteriores, que normalmente são prescritos somente quando mostram vantagens terapêuticas distintas. Normalmente, porém, essa é uma escolha estratégica. Fortes habilidades de marketing, *design* e capacidades inovadoras, somados a foco no produto e no usuário dão suporte à estratégia do retardatário e podem atrair competidores de grande porte e presença no mercado: IBM, Motorola, Sony e BellSouth introduziram dispositivos PDA um ano depois da Amstrad, Apple, Sharp Electronics, Tandy e Casio; mas, com exceção da Apple, o mercado ficou para os recém-chegados que correram por fora, como a Research In Motion (RIM) e a Palm Computing, e também para competidores estabelecidos (como a Samsung e a Nokia) que fizeram a travessia por domínios relacionados.[24]

Em muitos mercados de novos produtos, a fase inicial de crescimento lento é seguida pelas fases de decolagem, maturidade e, por fim, declínio, com os custos de ser o pioneiro cobertos na fase madura, às vezes seis ou mais anos após a entrada no mercado.[25] Tal ciclo de vida dá ao imitador retardatário tempo de sobra para se familiarizar totalmente com as necessidades dos usuários (no caso de um produto ou serviço) ou para desenvolver um entendimento superior dos fundamentos do sistema (no caso de um modelo de negócios), como a Southwest Airlines fez com relação à experiência da People's Express.[26]

Ao impulsionar força superior em áreas importantes como qualidade, boa reputação, *design* ou alcance geográfico, o retardatário pode dar o pulo do gato no inovador e nos imitadores iniciais, privando-os das vantagens duramente conquistadas e transformando a liderança em um passivo e em custos passados. Foi isso que o Walmart fez quando utilizou suas informações e seus recursos financeiros superiores para acabar com a liderança dos outros concorrentes no segmento de armazéns, que também estavam copiando a fórmula de Sol Price. A Samsung e outros fabricantes coreanos de *chips* utilizaram a ampla experiência de fabricação que possuíam para reduzir à metade o tempo necessário à construção de plantas de semicondutores, e assim deram o pulo do gato nos pioneiros e achataram o tempo de imitação. A Honda e a Toyota fizeram a mesma coisa no mercado de minivans quando se apoiaram na flexibilidade de produção e na reputação de qualidade que detinham para engolir a Ford e a GM.[27]

A estratégia de correr por fora não exige fortes capacidades de exploração e descoberta, pois o produto, serviço ou ideia está abertamente à disposição no momento em que a imitação começa para valer. A estratégia, porém, exige forte contextualização e mergulho profundo, pois envolve uma imitação retardada.[28] A empresa precisa ter um entendimento superior do produto (ou do processo, ou do modelo), de seu uso e do mercado pretendido; ela também precisa monitorar e analisar as mudanças ocorridas entre a inovação e o seu lançamento. Vantagens complementares, como um país de origem favorável, precisam ser levadas em consideração.

Essa rota também exige fortes capacidades de implementação, pois a empresa que imita está entrando em um mercado povoado não apenas por pioneiros e inovadores, mas quase sempre também por imitadores. A Disney foi um bem-sucedido concorrente posterior não apenas porque se posicionou como fornecedor de qualidade, mas também porque estava disposta e era capaz de colocar recursos em sua imitação.[29] Em contraste, na indústria de linhas aéreas, as operadoras de viagens economizaram investimentos e fracassaram em impulsionar ativos complementares, como a boa reputação e as especialidades da indústria.

Assim, a empresas que adotam a estratégia de correr por fora precisam apoiar o lançamento com recursos consideráveis. Esse requisito obviamente representa um desafio para competidores emergentes, como a RIM; porém, o intenso foco no produto e especialmente na interface do usuário quase sempre podem compensar a falta de recursos. Em qualquer caso, o retardatário enfrenta a árdua tarefa de convencer o consumidor (ou o financiador do negócio) de que oferece algo de melhor valor, ou de atrair os aspirantes a consumidores pela redução de barreiras (normalmente, mas nem sempre, o preço) para seu acesso. Se você optar por essa estratégia, o ônus da prova cabe a você.

O importador pioneiro

O IMPORTADOR PIONEIRO é o concorrente posterior que se estabelece como primeiro concorrente em outra região ou em outro mercado do produto. Essa é em essência uma estratégia de arbitragem, que explora a assimetria dos mercados. A Ryanair e a EasyJet fizeram isso na Europa, e a Air Asia seguiu estratégia parecida em sua área, rapidamente expandindo para aeroportos desejados e construindo capacidade para deter a próxima rodada de imitadores.

Considerando que esses negócios de linhas aéreas levavam a vantagem de os pioneiros estarem fora de seus mercados alvos, H. J. Heinz utilizou uma estratégia parecida para ofuscar o pioneiro afastado de sua base doméstica. Um primeiro imitador distante na categoria de sopas enlatadas, que fracassou em abalar a predominância da Campbell Soup Company nos EUA, Heinz foi o primeiro a entrar com esse produto no Reino Unido, onde estabeleceu a mesma posição de liderança que a Campbell conseguiu nos Estados Unidos. Então foi a vez da Campbell, que inventou o processo da sopa enlatada em 1897, recorrer a marcas de supermercados para estar presente no mercado.[30]

Os importadores podem se dar ao luxo de andar devagar, contanto que outros imitadores não estejam esperando no acostamento e o pioneiro original abstenha-se de expandir. O fato de a Southwest não ter expandido além do mercado norte-americano permitiu que imitadores no Canadá, na Europa e na Ásia entrassem em seus respectivos mercados em um ritmo mais lento. A BoltBus introduziu o modelo Southwest décadas depois de o original ter provado ser bem-sucedido na aviação.

Os importadores de modelos de negócios se beneficiam da fraca proteção legal concedida a eles, mas ironicamente também lucram com as regulamentações que limitam a concorrência nos limites estaduais ou nacionais. Don Shackelford, presidente aposentado do Fifth Third Bank, explica que, por causa das restrições sobre os serviços bancários interestaduais, os banqueiros não pensavam em compartilhar suas ideias com pares de outros mercados.[31] Os pretensos importadores então precisaram buscar alvos de imitação entre não competidores, e impulsionar a maior abertura possível nesses casos.

Finalmente, quando a importação ocorre além dos limites nacionais ou da indústria, é vital ter um entendimento profundo dos dois ambientes nacionais (ou industriais), e a capacidade de contextualizar e resolver o problema da concordância. Mesmo multinacionais experientes raramente se dão bem além de suas regiões de origem, então os imitadores precisaram desenvolver capacidades globais ou estabelecer fusões que pudessem servir como substitutivos. Em qualquer situação, a comparação profunda dos dois ambientes é imprescindível.

Ao menos no exemplo da Southwest, a importação surge como uma promissora estratégia de imitação, aquela que quase sempre fornece o melhor retorno ajustado ao risco. Mas lembre-se de que a concordância é um obstáculo ainda maior para o importador do que para o primeiro imitador e para o retardatário, e não há como contar com o que chamo de "concordância acidental" – isto é, com a situação na qual as circunstâncias ajudam no alinhamento, mas não foram analisadas seriamente para determinar se a concordância existe e o que, se houver algo, pode ser feito para realizá-la.

Como imitar

Como imitar

A QUESTÃO DE COMO IMITAR tem a ver com o padrão, o processo e a sequência pela qual a empresa identifica o alvo de imitação e define o processo de analisar, adaptar e implementar a imitação. Além disso, para o processo descrito no Capítulo 5, as empresas precisam decidir, especialmente quando no caso de um modelo de negócios, se devem seguir um projeto esboçado ou detalhado. Elas também precisam decidir quem vai recolher informações a respeito do modelo e de qual fonte, e devem determinar como manter o sigilo para impedir o pioneiro de levantar barreiras e impedir os aspirantes a imitadores de se movimentarem mais rápido ou usurparem fatores de diferenciação.

Se estiver tentando imitar um modelo de negócios, você precisa criar uma estrutura de apoio ao processo. Por exemplo, você viu que as tentativas de incluir um modelo imitado dentro de um sistema existente tendem a falhar completamente, a não ser quando as unidades subsidiárias estão isoladas não apenas geograficamente, mas também em ativos e obrigações. As vantagens estratégicas de integração são atraentes, mas normalmente não são suficientes para compensar a complexidade de gerenciar dois negócios diferentes na mesma plataforma – como a Pfizer, por exemplo, está visando fazer com seus genéricos e seus negócios inovadores para extrair sinergias da "infraestrutura global de fabricação e marketing". A abordagem da Novartis para formar um negócio independente de genéricos é mais promissora, assim como o plano da Merck de estabelecer uma divisão de "bioempreendimentos" para produzir versões genéricas de medicamentos biotecnológicos: os biológicos de uso contínuo (a Merck também procura evitar violação de IPR com o desenvolvimento de variações diferentes das versões atuais).[32]

O ponto principal é que os imitadores não somente precisam tomar uma decisão clara sobre como imitar, mas também criar um mapa detalhado do caminho que vai mostrar como chegar lá. Esse planejamento deve incluir a nomeação de um grupo de trabalho assim como suas responsabilidades e os processos que essa unidade utilizará do princípio à implementação.

O problema da concordância

O problema da concordância

Para os cientistas, o problema da concordância – a necessidade de converter o alvo de imitação em uma cópia que preserve o resultado favorável observado no original – é o quebra-cabeça central da imitação. Isso é tão válido nos negócios como na vida biológica e social. O estúdio de animação Fleischer, um pioneiro do passado, tentou imitar o retardatário Disney, mas carecia das capacidades (como a tecnologia da cor) e da aptidão (em termos de estilos artísticos) para se igualar. A General Eletric – tão admirada que a *The New Yorker* apelidou como "o equivalente industrial dos New York Yankees" – viu muitas de suas práticas imitadas, mas quase sempre com resultados decepcionantes. Muitas empresas – inclusive, por exemplo, a Ford Motors – copiaram o sistema de avaliação de desempenho de três etapas da GE (no qual 10% dos piores funcionários são despedidos), mas logo descobriram que aquilo que funcionava para a GE não funcionava para a Ford. Em outras palavras, não havia concordância adequada para tornar a imitação tão relevante e significativa quanto para o original e que se encaixasse na cultura e no sistema do recipiente.[33]

A superação do problema da concordância exige grande capacidade de contextualização e mergulho profundo para ver além dos elementos literais codificados com base em leituras superficiais. Esse processo exige, especialmente no caso de um modelo complexo, uma análise de causa e efeito em ambas as pontas (o original e o imitador). Ao errar em decifrar a causalidade no modelo original, é impossível estabelecer a causalidade no sistema recipiente. Então é preciso reconfigurar a cadeia causal no recipiente, inclusive conectando elementos suplentes para substituir os que não estão disponíveis ou não se encaixam no ambiente da imitação.

É preciso responder à mesma questão colocada pelos cientistas cognitivos: "Como a ação percebida de outro agente é traduzida em desempenho similar pelo observador?". Para fazer isso, você precisa do equivalente aos neurônios espelhos necessários à conversão dos parâmetros de codificação observados em uma capacidade recentemente adquirida.[34] No mundo corporativo, os neurônios espelhos não dizem respeito só a executivos com habilidades cognitivas altamente desenvolvidas, mas também dizem respeito à cultura que os tornam capazes de visualizar o mundo por meio do olhar de alguém, um ingrediente que normalmente pode ser descoberto no meio de empresas com experiências bem-sucedidas em alianças estratégicas.

Sem uma solução satisfatória para o problema da concordância, lançar um empreendimento de imitação equivaleria a um voo cego. Se isso não faz sentido no papel, raramente fará sentido no mundo real e, uma vez iniciado, será difícil abortar o processo. As precauções e os processos habituais, como nomear pessoas para o papel de advogado do diabo, devem ser aplicados.

A proposta de valor

A proposta de valor

A PROPOSTA DE VALOR tem o objetivo de responder à mais fundamental de todas as questões: qual o valor projetado para a imitação pretendida? Essa projeção deve se basear na avaliação de custos e riscos contra as vantagens potenciais, controlando a probabilidade de sucesso, no inventário dos recursos (como capital, difusão geográfica e boa reputação) que você pode impulsionar para apoiar e aumentar o valor da imitação e nas suas capacidades de imitação. Por exemplo, Nowell explica que a ampla gama de produtos que a PepsiCo oferece permite que ela adote ideias que concorrentes, como a Eagle Snack, não conseguem adotar.[35] A vantagem potencial, de acordo com Don Shackelford, é também uma função de escala: considerando os investimentos e os riscos envolvidos, não faz sentido imitar algo a menos que a vantagem potencial para a organização seja substancial.[36]

Os custos da imitação

É ÚTIL COMEÇAR LEMBRANDO que a imitação tem custos incomuns, embora, comparados com os da inovação, eles sejam, em média, significativamente mais baixos. Pesquisas mostram que a relação dos custos da imitação com os da inovação é de 65% a 75%, com uma relação do tempo da imitação com o tempo da inovação em torno de 70%. São custos ainda substanciais – que em poucos casos são equivalentes aos custos de inovação – e derivam da necessidade do imitador ter de refazer muitos passos do inovador, inclusive pesquisa aplicada e especificação do produto, investimento em plantas e equipamentos, construção de protótipos, fabricação e marketing. Correr para o mercado – parte da estratégia do primeiro imitador – tem seu preço: para cada 1% de redução no tempo, o custo aumenta em média 0,70%.[37]

Os retardatários tendem a ter custos um pouco mais baixos do que os primeiros imitadores, pois adquirem importante entendimento do produto ou processo e, em alguns casos, podem assumir linhas de produção e canais de distribuição ociosos, tanto de pioneiros que se retiraram como dos imitadores iniciais. Isso dá aos retardatários o tempo e os recursos para se diferenciar e para reunir ativos complementares, como a boa reputação por qualidade e confiabilidade, que permitem preços mais altos, acima dos imitadores menos conhecidos.

O alerta é que os ativos precisam ser importantes: de acordo com Jim O'Brien, da Ashland, a Toyota e a Honda foram retardatárias bem-sucedidas no segmento de minivans, pois suas marcas simbolizavam confiabilidade, funcionalidade e valor – exatamente os atributos que se encaixavam bem para uma minivan (mas que não seriam tão considerados em carros esporte).[38] A Toyota e a Honda também se beneficiaram da flexibilidade de suas linhas de produção, que permitia mudar o sistema de trabalho entre produtos rapidamente e com baixo custo, algo que reduziu os custos cambiantes.

Finalmente, ao calcular o custo total, o custo de superar as defesas a imitadores não deve ser esquecido, estejam elas erguidas ou a serem erguidas, e também os custos de superação de barreiras internas. Os custos, tanto como os benefícios, também são afetados pela propensão da entrada de outras empresas no mercado, tanto por suas capacidades imitativas como pela projeção da aceitação pelo consumidor.

Os riscos da imitação

Como Levitt sugere, a imitação necessariamente não reduz riscos, mas apenas os substitui; enquanto o inovador assume riscos ao colocar dinheiro em P&D para algo que pode não funcionar ou pode não ser aceito no mercado, o imitador corre outros riscos, entre eles chegar a uma mercado inundado de outros imitadores.[39] O imitador também pode descobrir no meio do caminho que não é capaz de replicar o produto (lembre da malfadada cópia chinesa do

Boeing 707), ou fracassar em vender com lucro, condenando o investimento e arriscando criar um vácuo que pode puxar os concorrentes para outras linhas de produtos.

O imitador também carrega consigo riscos legais, na medida em que colide com os inovadores que procuram proteger suas propriedades intelectuais; um risco que varia com o produto, o âmbito da imitação, a fidelidade da réplica e o poder de barganha dos competidores envolvidos. Por exemplo, descobriu-se que embora 80% das empresas tenham entrado com ações legais contra os fabricantes de produtos infratores, apenas 40% iniciaram tais ações contra os varejistas que os vendiam.[40] Os varejistas correm menos riscos, pois o fato de controlarem a distribuição faz os produtores pensarem duas vezes antes de ir atrás deles.

Outro risco para o imitador é a limitação de suas opções futuras ao investir em uma determinada estratégia ou infraestrutura em particular, o que diminui o incentivo de seguir outro curso de ação que se mostre mais promissor.[41] Esse risco é essencialmente parecido com o dos inovadores, e pode ser atenuado pelas capacidades de pesquisa, pela produção flexível e por outras medidas que impeçam a perda irreversível dos investimentos.

Finalmente, os imitadores arriscam suas reputações, no sentido de que a imagem do imitador pode comprometer a capacidade de cobrar preços mais altos, não só para o produto em questão, mas também para outros produtos ou serviços. Portanto, ao apreciar os riscos da imitação, é importante você avaliar seu portfólio global de produtos, além de considerar o seu próprio plano estratégico de seguir adiante.

Os benefícios da imitação

Além da capacidade de explorar as várias vantagens destacadas no Capítulo 1, os aspirantes a imitadores deveriam explorar esses tópicos no âmbito dos lucros do monopólio parcial que eles podem ser capazes de captar (especialmente importante na estratégia do primeiro imitador); esses lucros dependem de quanto tempo levará para que outros imitadores entrem no mercado e do custo de defesa contra eles. Na verdade, essas são as mesmas questões que os inovadores levantam quando planejam uma inovação ou um lançamento pioneiro.

Os aspirantes a imitadores também deveriam avaliar os bônus potenciais de um lançamento diferenciado baseado em um posicionamento mais elevado contra os custos dessa diferenciação. Eles deveriam se perguntar se a imitação pode servir de cabeça de ponte em um mercado que pode ser seguido por outras imitações, assim como de produtos ou serviços inovadores. As montadoras japonesas, por exemplo, entraram no mercado global com veículos imitados, mas expandiram para produtos inovadores, utilizando a infraestrutura, como as redes de revendedores, construída às custas das imitações.

Talvez a tarefa mais desafiadora seja calcular o valor das complementaridades para apoiar a imitação – distintas das já aplicadas, como a boa reputação, que ampliam o rendimento dos benefícios. Por causa da tendência de enfocar na inovação e na prevenção da imitação, as vantagens colaterais da imitação quase sempre são subestimadas. Um exemplo característico é o da SanDisk, cuja imitação do iPod da Apple não só lhe rendeu receitas saudáveis enquanto um (distante) "número dois", mas também posicionou suas memórias *flash* como o padrão da indústria; esse produto, em troca, criou demandas para o IPR da empresa, gerando receitas de licenciamentos e direitos autorais.[42] Na verdade, as vantagens da *imovação* também dizem respeito à criação dos valores colaterais de cada atividade, valores que não estariam presentes se ambas não estivessem fundidas.

Pode parecer óbvio não embarcar na imitação até, e ao menos, que a proposta de valor seja positivamente confirmada, mas a forma como a imitação é abordada sugere que ela não deve ser considerada como certa. Uma abordagem estruturada vai impedir, por exemplo, descuidos ou a subestimação dos custos da imitação ou, no que diz respeito ao assunto, dos riscos envolvidos.

Lembretes

1 A imitação pode ser uma estratégia tão viável quanto a inovação.

2 As principais questões estratégicas relativas à imitação são: *onde*, *o que*, *quem*, *quando* e *como*, seguidas pelo *desafio da concordância* e pela *proposta de valor*.

3 Em termos de ritmo, os imitadores podem escolher entre as estratégias do importador pioneiro, do rápido segundo colocado ou correr por fora.

NOTAS

1 LEVITT, T. Innovative imitation. *Harvard Business Review*, 63-70, set.-out. 1966 (citado na 65).

2 LEVIN, R. C.; KLEVORICK, A. K.; NELSON, R. R.; WINTER, S. G. Appropriating the returns from industrial research and development. *Brookings Papers on Economic Activity* 3, 783-831, 1987.

3 NOWELL, L. Entrevista com o autor, 12 jan. 2009.

4 BRYMAN, A. Animating the pioneer versus late entrant debate: an historical case study. *Journal of Management Studies* 34, 3, 415-438, 1997.

5 PORTER, M. E. What is strategy? *Harvard Business Review*, 74, 61-78, nov.-dez. 1996.

6 DRUCKER, P. F. *The essential Drucker*. Nova York: Harper Business, 2001.

7 BESSEN, J.; MEURER, M. J. *Patent failures:* how judges, lawyers and bureaucrats put innovators at risk. Princeton, NJ: Princeton University Press, 2008; BESSEN, J.; MEURER, M. J. Do patents perform like property? *Academy of Management Perspectives* 22, 3, 8 a 20, 2008 (ver também ZIEDONIS, R. H. On the apparent failure of patents: a response to Bessen and Meurer. *Academy of Management Perspectives* 22, 4, 21-29, 2008).

8 KOHRT, C. Entrevista com o autor, 5 de mar. 2008.

9 HALBROOKS, J. R. How to really deliver superior customer service, 1996 *apud* RIVKIN, J. W.; PORTER, M. E. *Matching Dell.* Case 9-799-158. Boston: Harvard Business School, 6 jun. 1999.

10 IYER, B.; DAVENPORT, T. H. Reverse engineering Google's innovation machine. *Harvard Business Review*, 58 a 68, abr. 2008.

11 ZENG, M.; WILLIAMSON, P. J. *Dragons at your door:* how chinese companies will disrupt global competition. Boston: Harvard Business School Press, 2007.

12 BRYANT, A. Continental is dropping "Lite" service. *New York Times*, 14 abr. 1995; GRAF, L. Incompatibilities of the low-cost and network carrier business models within the same airline grouping. *Journal of Air Transport Management* 11, 313-327, 2005.

13 The new champions. *Economist*: Special Reports, 8, 18 set. 2008.

14 ORTEGA, B. *In Sam we trust*. Nova York: Times Business/Random House, 1998.

15 CHEW, W. B.; BRESNAHAN, T. F.; CLARK, K. B.. Measurement, coordination and learning in a multi-plant network. In *Measures for manufacturing excellence*, ed. R. S. Kaplan. Boston: Harvard Business School Press, 1990.

16 FISCHER, A. Entrevista com o autor, 24 mar. 2008.

17 KOHRT, C. Entrevista com o autor, 5 de mar. 2008.

18 WESTNEY, D. E. *Imitation and innovation*: the transfer of western organizational practices to Meiji Japan. Cambridge: Harvard University Press, 1987.

19 LEVITT, 1966.

20 AAKER, D. A.; DAY, G. S. The perils of high growth markets. *Strategic Management Journal* 7, 5, 409-421; LEVITT, T. The management of reverse R&D or how to imitate your competitor's products before it's too late. *Harvard Business Review*, 33-37, set.-out. 1966; HANNAN, M. T.; CARROLL, G. R. *Dynamics of organizational populations*. Nova York: Oxford University Press, 1992; STINCHCOMBE, A. L. Organizations and social structure. In *Handbook of organizations*, ed. J. G. March. Chicago: Rand McNally, 151-193, 1965; FREEMAN, J.; CARROLL, G. R.; HANNAN, M. T. The liability of newness: age dependence in organizational death rates. *American Sociological Review* 48, 692-710, 1983; URBAN, G. L.; CARTER, T.; GASIN, S.; MUCHA, S. Market share rewards to pioneering brands: an empirical analysis and strategic implications. *Management Science* 32, 645-659, 1986.

21 DALEY, C. Entrevista com o autor, 18 nov. 2008.

22 SCHMALENSEE, R. Entry deterrence in the ready-to-eat breakfast cereal industry. *Bell Journal of Economics* 9, 305-327, 1978 *apud* ROBINSON, W. T.; FORNELL, C.; SULLIVAN, M. Are market pioneers intrinsically stronger than later entrants? *Strategic Management Journal* 13, 609-624, 1992.

23 ROBINSON, FORNELL, SULLIVAN, 1992; ROBINSON, W. T.; CHIANG, J. Product development strategies for established market pioneers, early followers, and late entrants. *Strategic Management Journal* 23, 855-866, 2002; ZENG; WILLIAMSON, 2007; CHO, D. S.; KIM, D. J.; DONG, K. R. Latecomer strategies: evidence from the semiconductor industry in Japan and Korea. *Organization Science* 9, 4, 489-505, 1998.

24 BAYUS, B. L.; JAIN, S.; RAO, A. G. Too little, too early: introduction timing and new product performance in the personal digital assistant industry. *Journal of Marketing Research* 34, 50-63, 1997.

25 MURTHI, B. P. S.; SHRINIVASAN, K.; KALYANARAM, G. Controlling for observed and unobserved managerial skills in determining first-mover market share advantages. *Journal of Marketing* 33, 329-336, 1996; SUAREZ, F.; LANZOLLA, G. The role of environmental dynamics in building a first mover advantage theory. *Academy of Management Review* 32, 2, 377-392, 2007; MIN, S.; KALWANI, M. U.; ROBINSON, W. T. Market pioneer and early follower survival risks: a contingency analysis of really new versus incrementally new product markets. *Journal of Marketing* 70, 15-33, 2006.

26 GITTELL, J. H. *The Southwest Airlines way*. Nova York: McGraw-Hill, 2003.

27 MURTHI; SHRINIVASAN; KALYANARAM, 1996; SUAREZ; LANZOLLA, 2007; MIN; KALWANI; ROBINSON, 2006; TEECE, D. Profiting from technological innovation: implications for integration, collaboration, licensing and public policy. *Research Policy* 15, 285-305, 1986; CHO; KIM; DONG, 1998; BAYUS, B. L. An analysis of product lifetimes in a technologically dynamic industry. *Management Science* 44, 763-775, 6 (jun.); ORTEGA, 1998; SCHMALENSEE, R. Product differentiation advantages of pioneering brands. *American Economic Review* 72, 3, 349-365, 1982.

28 BANDURA, A. *Social learning theory*. Englewood Cliffs, NJ: Prentice-Hall, 1977; BANDURA, A. Influence of model's enforcement contingencies on the acquisition of imitative responses. *Journal of Personality and Social Psychology* 1, 589-595, 1965; MASIA, C. A.; CHASE, P. N. Vicarious learning revisited: a contemporary behavior analytic interpretation. *Journal of Behavioral Theory and Experimental Psychiatry* 28, 1, 41-51, 1997 (ver também YANDO, R.; SEITZ, V.; ZIGLER, E. *Imitation*: a developmental perspective. Hillsdale, NJ: Lawrence Elbaum, 1978).

29 BRYMAN, 1997.

30 MUELLER, D. C. First-mover advantages and path dependence. *International Journal of Industrial Organization* 15, 827-850, 1997.

31 SHACKELFORD, D. Entrevista com o autor, 31 mar. 2008.

32 LOFTUS, P. Pfizer eyes bigger push into generics. *Dow Jones Newswires*, 16 out. 2008; ROCKOFF, J. D.; WINSLOW, R. Merck to develop biotech generics. *Wall Street Journal*, B1, 10 dez. 2008.

33 MILLER, C.; GOLDMAN, K. *Jack Welch and General Electric. Mini-Case*. Nova York: New York University, 10 set. 2002; SUROWIECKI, J. The financial page Jack Welch, average guy [abstract]. *New York*, 18 dez. 2000.

34 HARLEY, S.; CHATER, N. Introduction: the importance of imitation. In *Perspectives on imitation*: from neuroscience to social science, vol. 2, eds. S. Harley e N. Chater. Cambridge, MA: MIT, 2, 2007; BYRNE, R. W. Imitation as behavior parsing. *Philosophical Transactions*: biological sciences 358, 1431, 529-536; RIZZOLATTI, G.; SINIGAGLIA, C. *Mirrors in the brain*: how our minds share actions and emotions. Trans. F. Anderson. Oxford, Reino Unido: Oxford University Press, 2008.

35 NOWELL, L. Entrevista com o autor, 12 jan. 2009.

36 SHACKELFORD, D. Entrevista com o autor, 31 mar. 2008.

37 MANSFIELD, E.; SCHWARTZ, M.; WAGNER, S. Imitation costs and patents: an empirical study. *Economic Journal* 91, 907-918, dez. 1981; LEVIN, R. et al. *Survey research on R&D appropriability and technological opportunity*. New Haven, CT: Yale University, 1986.

38 O'BRIEN, J. Entrevista com o autor, 16 dez. 2008.

39 LEVITT, 1966.

40 COLLINS-DODD, C.; ZAICHKOWSKY, J. L. National brand responses to brand imitation: retailers versus other manufacturers. *Journal of Product and Brand Management* 8, 2, 96-105, 1999.

41 PORTER, 1996.

42 WINGFIELD, N.; GUTH, R. A. Ipod, they pod: rivals imitate Apple's success. *Wall Street Journal*, 18 set. 2006.

7

O desafio da *imovação*

imovação

O ponto de partida deste livro é que a imitação é tão importante quanto a inovação para os negócios e que a abordagem sistemática e estratégica da imitação é vital para a capacidade de se envolver em inovação focada e eficaz. Nos capítulos anteriores você aprendeu que a imitação é crítica para a sobrevivência, a evolução e o bem-estar de todas as espécies, e que é ainda mais poderosa nas mãos de quem possui capacidade cognitiva mais elevada. Você viu que a imitação está por trás de grande parte do progresso da civilização humana, e que sem ela, as sociedades, inovadoras como são, estão condenadas a ficar para trás.

Também afirmei que a vida econômica não é fundamentalmente diferente do mundo biológico e do mundo social, no sentido de que a imitação facilita a importação de novas ideias e impede que os atores às vezes cometam erros fatais. Finalmente, observei que a imitação está se tornando mais viável, mais benéfica e mais rápida do que nunca por causa do avanço da globalização, da codificação do conhecimento e da erosão dos obstáculos legais, estratégicos e de marketing que a mantinham sob controle.

Ao mesmo tempo, parece que é como se o conhecimento acadêmico de negócios ainda precisasse assimilar a transformação experimentada nas ciências cognitivas e biológicas, em que a imitação, considerada no passado como um instinto primitivo, passou a ser vista como um esforço criativo, complexo e inteligente, cujas capacidades são raras e altamente valiosas. Os negócios não podem se dar ao luxo de esperar pelo entendimento do conhecimento acadêmico de negócios. Eles precisam agir agora para desenvolver capacidades de imitação – que variam dos referenciais dos modelos apropriados ao entendimento do contexto –, para que estejam em posição de realizar a imitação verdadeira. Na imitação verdadeira, a cadeia causal, dentro da qual meios e fins estão embutidos tanto no original como na cópia variante, está decifrado e também resolvido o problema da concordância, amplamente visto como a peça chave do quebra-cabeça da imitação. A solução para o problema da concordância deveria ser utilizada como orientação para a seleção e a organização de estratégias de imitação em meio ao amplo repertório a ser reconhecido e controlado.

Observando vários estudos de caso, você viu que quando o problema da concordância é resolvido favoravelmente os imitadores tendem a ser bem-sucedidos; quando não, eles tropeçam, incapazes de extrair vantagens da imitação, e ainda são obrigados a arcar com custos e riscos. Em geral, os imitadores que falham não se envolvem com a imitação verdadeira; isto é, eles negligenciam desenterrar a intricada estrutura causal por trás do resultado do modelo, resultando em uma cópia na qual faltam pilares de apoio vitais. Em muitos casos, o problema é a carência de capacidades de imitação, como as falhas em gerar um clima corporativo que apóie a imitação, na referência a possíveis modelos além dos suspeitos habituais ou em contextualizar adequadamente e mergulhar fundo, isto é, em desenvolver um entendimento profundo do modelo e de seus fundamentos.

Em outros casos, o esforço de imitação carece de ímpeto estratégico, com os imitadores sequer estando seguros a respeito daquilo que eles estão decidindo imitar, ou o que fazer para compensar a entrada posterior no mercado. Mesmo imitadores bem-sucedidos raramente abordam a imitação de modo estratégico. Com frequência, eles se beneficiam dos erros dos outros ou se aproveitam da concordância acidental, em que os apoios vitais ocorrem mais por estarem ali do que por terem sido sistematicamente identificados e construídos.

Na era da imitação que está por vir, o amadorismo e a abordagem incidental não vão bastar. Nem será possível confiar só na inovação ou na imitação para impulsionar a vantagem competitiva. A fusão de ambas para criar a vantagem da *imovação* exige não somente a capacidade de deter os imitadores, mas também a capacidade de preparar o conhecimento dos mecanismos para penetrar nas defesas tradicionais dos inovadores. Esse é o foco da próxima seção.

Supere as defesas da replicação

Supere as defesas da replicação

NEM TODOS OS INOVADORES têm uma estratégia pronta para repelir os imitadores. Por exemplo, de acordo com Tom Ludlam, da Prologue, os inovadores farmacêuticos reagiram ao surgimento dos genéricos como "algo que acabou de acontecer com eles".[1] Os imitadores deveriam, porém, assumir que as barreiras à imitação existem ou serão erguidas, e que deveriam encontram caminhos em torno dessas defesas. Felizmente para os imitadores, nenhum obstáculo é a toda prova e nenhuma informação pode ser totalmente escondida. Para o imitador é importante conhecer o repertório de defesas da imitação de modo que elas possam ser neutralizadas e também alocadas contra outros imitadores.

Supere a ambiguidade causal

AS EMPRESAS QUE EMPREGAM a estratégia da *ambiguidade causal* tornam difícil para os intrusos decifrar e compreender seus produtos, processos ou modelos. Se a defesa for robusta, o acesso às informações não fará muita diferença. J. H. Gittell cita um gerente de serviço ao consumidor da Continental Airlines que ficou desconcertado com o acesso concedido pela Southwest Airlines, e disse: "A Southwest nos convidou para conheceu seu pequeno mundo. O sr. Kelleher disse: 'Venham, perguntem tudo o que quiserem'. Não entendo por quê!"[2] Chris Connor, da Sherwin-Williams, fala dos telefonemas que recebe dos empregados das revendedoras que assistem horrorizados alguns visitantes aparecerem em suas lojas, armados de câmeras, gravadores e fitas métricas. "Todos tentam imaginar como se administra uma loja de tintas", ele diz, mas "saber como ela se parece, e saber como fazer isso, são duas coisas diferentes".[3]

Tudo isso é verdade, mas apenas até certo ponto. Os fundadores do Walmart e do E-Mart utilizaram visitas a lojas para reunir informações valiosas, que, combinadas com outros dados e submetidas a análise apurada, forneceram lições cruciais para empréstimo e implementação. Nas mãos de um imitador capaz com capacidade de mergulhar profundamente, o complexo quebra-cabeça que compõe um modelo de negócios pode ser reconstituído e a ambiguidade de causal decifrada.

Por mais difícil que essa tarefa possa parecer, ela não é insuperável. Mascarar processos internos é difícil para empresas inovadoras que apreciam a comunicação aberta, e as empresas apenas conseguem esconder muito pouco sem atrapalhar a própria coordenação interna ou incorrer em custos salgados. As empresas japonesas quase sempre usam a *estratégia do gargalo*, na qual vínculos de competência e conhecimentos importantes só podem ser acessados por alguns funcionários de confiança, mas essa estratégia envolve transferir executivos dispendiosos sempre que o serviço ou a manutenção exigirem; e, se o gargalo de proteção for quebrado, o sistema inteiro fica vulnerável. Até a cultura, que a Southwest descreve como um obstáculo insuperável, pode ser substituída por outra cultura de apoio ao modelo ou pelos elementos codificados que a representam.

Para a literatura de estratégia, é ponto pacífico dizer que é difícil replicar o conhecimento tácito, complexo e sistêmico. Mas a história mostra que é exatamente isso que acontece repetidas vezes, desde os moinhos do mundo antigo à britadeira hidráulica de rocha dos tempos modernos.[4] Os imitadores realizam essa façanha reunindo cuidadosamente os vários elementos do conhecimento, construindo a *capacidade absorvente* que o conhecimento acadêmico de negócios reserva aos inovadores. Os replicadores que desenvolvem o *conhecimento arquitetônico* podem adquirir insumos dos fornecedores que possuem a capacidade, e o imitador com capacidade para mergulhar fundo pode identificar os elementos substitutivos com os quais preencherá as eventuais lacunas. Ou então, eles podem simplesmente ir atrás de elementos visíveis e estruturados, como muitos imitadores da Southwest têm feito, construindo réplicas de operações que funcionam tão bem, se não melhor, que as originais.

Finalmente, muitos inovadores se abrem acreditando que podem permanecer à frente do jogo. A Kodak abriu suas plantas e seus processos para seus sócios chineses supondo que poderia sempre permanecer um passo à frente. A GE utilizou o mesmo argumento quando forneceu gráficos de suas turbinas para os compradores que insistiam na revelação, isto é, achou que não havia motivo de alarme, pois já estava trabalhando na próxima geração tecnológica. A P&G permaneceu à frente do jogo porque providenciou com rapidez melhorias e extensões nos produtos; por exemplo, ela fez nada menos do que 70 melhorias no Tide (marca de sabão em pó da empresa), entre sua estreia, em 1956, até 1999, mantendo os imitadores sob controle.[5] "Inove feito louco", avisa R. Kerry Clark, presidente e CEO da Cardinal Health, quando fala a respeito de acalmar os esforços de replicação dos concorrentes.[6]

Os imitadores podem permanecer competitivos oferecendo produtos com tecnologia madura, mas comprovada, a preços mais baixos, uma proposta de valor atraente para muitos consumidores. Eles usam o lançamento como trampolim para o desenvolvimento de tecnologias mais novas ou para combinar tecnologias existentes num pacote original. O consumidor feliz com as ofertas atuais pode permanecer com o fornecedor conforme ele sobe a escada, por fidelidade à marca ou pelos custos cambiantes que supostamente protegeriam os inovadores.

Supere as redes de relacionamento

CONSIDERA-SE QUE UMA REDE de relacionamentos interna e externa elaborada dificulte penetrar ou replicar a cadeia de valor, mesmo que a cadeia seja visível e bem entendida. Além da Southwest, a Lincoln Electric e o McDonald's foram citados por utilizar de estreitas relações com fornecedores e outros clientes importantes como suplemento de um sistema operacional exclusivo para criar modelos que não podem ser imitados conforme se espera.[7] Isso é compatível com o estudo de Levin, que descobriu que um serviço de atendimento e vendas eficaz era o melhor veículo para abrandar a imitação. Connor, da Sherwin-Williams, diz que "é difícil ser um bom imitador do espectro inteiro do relacionamento que se estabelece com o consumidor".[8] Clark, da Cardinal Health, diz que sua empresa investe em relacionamento para controlar "a última centena de metros" em que a distribuição se conecta diretamente com o paciente e a equipe de atendimento médico.[9]

O outro lado da moeda, observa James J. O'Brien, da Ashland, é que o colapso de uma parceria importante abre o caminho para os concorrentes, então os replicadores devem monitorar os inovadores atrás de qualquer sinal de relações desgastadas (como alianças encerradas).[10] A proteção das parcerias nem sempre está disponível ou seu custo pode ser proibitivo, então ela funciona para empresas que investem em distribuição (como a Sherwin-Williams) ou em raciocínio estratégico adicional para ficar perto do consumidor, mas não necessariamente dos concorrentes. Nem isso é a toda prova. Note que as relações da Southwest com os funcionários e os outros acionistas não impediu a imitação bem-sucedida, nem dos imitadores com foco em elementos codificados de seu modelo, nem dos que estabeleceram redes substitutivas para obter resultados parecidos.

Supere os obstáculos variáveis e de sinalização

Um obstáculo estratégico muito usado é a *sinalização*, quando o pioneiro ou inovador demonstra superioridade, na tentativa de convencer os aspirantes a imitadores a não concorrerem com o original. Os imitadores fazem de tudo para contornar o sinal; por exemplo, sinais de qualidade podem ser contornados cobrando preços mais baixos ou pelas capacidades de diferenciação.

A sinalização estruturada na capacidade máxima – uma prática que supostamente diz aos potenciais imitadores que o inovador não vai medir esforços para defender seu terreno e que vai reunir recursos sem os quais nenhum imitador seria capaz de entrar no mercado – está ainda mais aberta aos ataques dos imitadores. A criação da capacidade máxima é custosa e arriscada se a demanda não subir para corresponder à capacidade ou se o gosto do consumidor ou a tecnologia mudarem. Assim, a estratégia vai cair nas mãos de um imitador capaz, especialmente do tipo capaz de produzir melhorias ou substitutivos no produto.

Certas formas de capacidade máxima – por exemplo, preencher o espaço da prateleira para que os produtos concorrentes não sejam admitidos – podem ser contestadas no aspecto legal, e os imitadores podem encontrar canais alternativos, como H. J. Heinz fez no mercado de sopa enlatada. Os imitadores podem até impulsionar a capacidade máxima do pioneiro: a nova minivan da

Volkswagen, a Routan, se baseia na plataforma da Chrysler, e foi construída em uma planta da Chrysler, mas é diferenciada pela forte boa reputação da marca da empresa, e pelo esforço de marketing original, que oferece um incentivo educacional de US$ 1.500,00 aos compradores norte-americanos.[11]

Quase sempre ouvimos dizer que os pioneiros são protegidos pelos *custos cambiantes*: o custo para os imitadores mudarem de uma tecnologia familiar, na qual eles já investiram, para outra cuja infraestrutura e capacidades ainda precisam ser desenvolvidas. Note, porém, que os proponentes de vantagens pioneiras fornecem exemplos nos quais os custos cambiantes são substanciais, como no caso de um console de jogos por computador que aceita apenas um tipo de jogo.[12] Os imitadores podem escolher produtos para os quais os custos cambiantes são mínimos – como automóveis (a Ford comprou uma autoescola canadense por causa de uma hipótese enganosa de que os novos motoristas comprariam o carro no qual aprenderam a dirigir) ou computadores pessoais (quase todos, inclusive os da Apple, agora são "compatíveis com PCs"). Além disso, a mudança para um novo produto acarreta seus próprios custos cambiantes, então a imitação compatível com o equipamento e o uso existentes pode ser até mais atraente do que o original. E, também, uma versão mais simples vai atrair os consumidores cotados fora do mercado, e assim não incorre nos custos cambiantes.

Supere os ativos complementares

ATIVOS COMPLEMENTARES, como a fabricação especializada, suprimentos exclusivos e canais de distribuição, são obstáculos, contanto que o imitador não tenha acesso aos mesmos ativos ou substitutivos. As pessoas quase sempre esquecem que pelo menos alguns imitadores têm escala e infraestrutura compatíveis (ou até melhores) com as dos inovadores. A IBM utilizou sua base de consumidores de negócios para ofuscar o pioneiro, a Remington Rand, na fabricação de mainframes; mas, como líder no segmento de PCs, julgou mal o obstáculo de sua propriedade intelectual, que criou custos extras para os imitadores, mas não a ponto de ficarem equivalentes. Outro exemplo é o da israelense Teva, líder global em genéricos, que entrou nos biogenéricos entre outras razões porque sabia que apenas alguns poucos concorrentes podiam se dar ao luxo dos custosos investimentos envolvidos. Os ativos complementares também podem ser acessados estabelecendo alianças ou alocando fornecedores que os abasteçam com os insumos em falta.

Poucos inovadores se dão ao trabalho de dividir sua base de fornecimento no sentido de deter a imitação do jeito que a P&G faz com os barbeadores Gillette e, com os produtores verticalmente menos integrados e com chances pequenas de assinar acordos de fornecimento exclusivos, os imitadores podem adquirir os mesmos insumos fabricados pelas mesmas OEMs. Pioneiros e inovadores não podem contar com o monopólio dos melhores pontos de varejo ou canais de distribuição: com as cidades desenvolvendo múltiplos centros de negócios e com a inauguração de novos shoppings, os imitadores podem suprir pontos novos e atraentes.

Além disso, a distribuição, especialmente nos Estados Unidos, é cada vez mais controlada pelos grandes varejistas com alto poder de negociação e de determinar o que estará nas prateleiras. Para esses varejistas tanto faz trabalhar com o imitador ou como o detentor da marca, pois quase sempre vendem produtos com sua própria marca guarda-chuva. Deslocar-se rumo ao pico deixaria uma grande fatia do bolo para os replicadores, que teriam esse incentivo para subir a escada: uma vez produzido, o custo marginal das informações é quase nulo, e isso significa que é realmente menos oneroso imitar mercadorias com parcela mais elevada de custos de P&D.[13]

Supere o obstáculo do marketing

A BARREIRA MAIS COMUM de marketing – a marca – pode ser superada vendendo produtos de marca própria, adquirindo marcas já estabelecidas, realizando fusões com entidades respeitáveis ou oferecendo garantia superior. No entanto, a marca é uma das principais barreiras, especialmente quando as marcas registradas são fortes, a fidelidade ao produto é elevada e está combinada com o controle do acesso à distribuição.

Connor, da Sherwin-Williams, acredita que os imitadores não podem alcançar a ampla presença de sua empresa nas lojas. No entanto, os imitadores podem encontrar pontos alternativos, especialmente em locais em rápido crescimento.[14] A rápida expansão do Starbuck's (pela qual a rede provavelmente pagou o preço da deterioração da qualidade e do controle) não impediu o surgimento de imitadores nem o lançamento de concorrentes, como o café do McDonald's, em domínios relacionados. A barreira da distribuição funciona quando a vantagem da escala ou do volume é substancial, e quando os canais são finitos ou estão obstruídos. Se esse não for o caso, o imitador não terá problemas para desafiar o inovador.

Os estudiosos de marketing também argumentam que os consumidores darão preferência ao primeiro produto no mercado, pois é uma marca conhecida que se tornará referência padrão para comparar com os recém-chegados. Isso não impede o imitador de lançar algo melhor, mais barato, ou que ofereça algum valor superior. Embora alguns consumidores possam preferir o produto autêntico e testado, outros podem gostar de uma nova versão, especialmente se ela supera o desempenho do original em capacidades importantes. Na verdade, muitos consumidores são avessos ao risco – relutam em aprender como operar um novo produto ou resistem à obsolescência de um produto existente; quando aderem ao pioneiro, eles supostamente reduzem os custos de pesquisa das alternativas, e resolvem a incerteza sobre o desempenho do substituto.[15] Mas os custos de pesquisa são baixos na era da internet, com muitos intermediários (como o Consumer Reports ou o J.D. Powers) fazendo o trabalho pesado. Com os insumos dos produtos e dos processos cada vez mais compartilhados pelas empresas de produtos finais, fica tão fácil para os imitadores se diferenciarem quanto para os inovadores.

Além disso, os inovadores são prudentes para reposicionar o produto, a prática ou o modelo de negócios para longe de um segmento abarrotado, para um espaço onde poucos imitadores estão presentes ou onde é pouco provável emergirem. Na melhor das hipóteses, esse obstáculo é um arranjo temporário, na medida em que os imitadores migram para áreas que se mostram promissoras, e na medida em que suas capacidades crescem. Mais ainda, seguir para o pico implica perder vantagens de escala, além do vasto mercado existente abaixo dos preços mais altos. No mercado de produtos de consumo, observa G. Gilbert Cloyd, da P&G, o pico não representa mais do que 30% a 35%.[16] Os imitadores ficarão felizes de ir além desse território. Os inovadores também podem mudar o produto de domínio, como a Apple fez quando retirou o iPod do intensamente imitado domínio dos *music players* para um complexo espaço que poucos imitadores podem duplicar.

Portanto, muitas empresas acreditam que a execução superior vai protegê-las da imitação. Lionel Nowell diz que a PepsiCo normalmente pode acabar com os imitadores "pelo excesso": "Costumamos brincar e até dizer que se eu desse a eles o mesmo roteiro, eles não teriam nem pessoas e nem recursos para fazer tão bem como nós".[17]

No entanto, mesmo que a execução superior tenha bloqueado os imitadores da Sherwin-Williams, ela não barrou os da Dell. Perguntado a respeito dos concorrentes que copiaram o modelo de negócios da Dell, o então CEO Kevin Rollins argumentou na época que "o mais importante para o nosso sucesso são os muitos anos de desenvolvimento de DNA dentro de nossas equipes, que não são replicáveis fora da empresa. As outras empresas simplesmente não podem fazer tão bem quanto nós".[18] Mas não foi o caso. Os competidores descobriram substitutivos, repassaram a produção para produtores asiáticos capacitados e eficazes em termos de custos, melhoraram a cadeia de fornecimento e as capacidades operacionais. Imitadores com magníficas capacidades de implementação podem de fato tirar vantagem da execução, obtendo um produto ou modelo que funciona facilmente, enquanto o inovador continua se debatendo com problemas espinhosos.

O ponto principal: os imitadores devem aprender a superar os obstáculos da imitação ao mesmo tempo que eles próprios usam esses obstáculos para impedir ou atrasar o lançamento de outros aspirantes a imitadores. Os inovadores são capazes de manipular a aparente contradição entre o livre fluxo de informações necessárias à inovação e a mentalidade de inteligência necessária para deter os outros. A P&G, por exemplo, usa uma abordagem multidentada. Além dos meios legais, como as patentes e a marca registrada, normalmente combinadas, a empresa também usa a *defesa de montadora*, na qual cada fornecedor ou vendedor monta ou fabrica somente uma parte do todo, e só a P&G tem acesso ao quebra-cabeça completo. A empresa usa tecnologias e sistemas de produção patenteados; por exemplo, as lâminas de barbear Gillette são produzidas internamente utilizando maquinário projetado e construído pela P&G, que em troca é respaldada pela divisão da "necessidade de saber"; apenas poucos executivos da P&G sabem como a tecnologia funciona e, especialmente, como as peças se encaixam.

Cloyd, da P&G, reconhece que os modelos de negócios são os mais difíceis de proteger, e aqui a P&G impulsiona seu forte entendimento de comportamentos de consumidores, e precisa cimentar e reforçar seus fortes laços com os varejistas, uma estratégia que ele também associa ao eBay.[19] Isso funciona especialmente em relação aos competidores menos capazes ou aos menos instruídos, embora seja até certo ponto menos eficaz contra os imitadores da categoria, como a SC Johnson, que tem escala e capacidades de imitação para neutralizar múltiplas defesas. O mais importante é que a P&G faz tudo isso mantendo um sistema aberto de inovação que procura ativamente oportunidades de aprendizado e comercialização.

Inovação, imitação, *imovação*

Inovação, imitação, *imovação*

As palavras de Levitt de que "nenhuma empresa pode se dar ao luxo de tentar ser a primeira em tudo em seu mercado" soam mais verdadeiras do que nunca. O mundo está cada vez mais complexo e multifacetado, e os custos de desenvolvimento foram para o espaço, ao mesmo tempo que os custos de imitação caíram. De acordo com Chris Connor, da Sherwin-Williams: "Nem mesmo aqueles dentre nós que nos consideram os líderes da indústria podem constantemente inovar cada parte dos nossos negócios".[20]

Isso significa que os inovadores precisam enfocar seus esforços em algumas poucas capacidades centrais, e mesmo assim eles podem produzir uma nova e criativa recombinação de elementos imitados e inovadores. Essa combinação com certeza sofrerá resistência dos inovadores, que desprezam a imitação e a veem como anátema de sua declaração de visão e suas pretensões de liderança corporativa; mas, ao menos que essas empresas aceitem a imitação em termos iguais, eles podem se afogar em riscos e custos "inventados aqui", enquanto assistem a seus concorrentes fundirem inovação e imitação em uma fórmula vitoriosa. É essa fusão que chamamos de *imovação*, e já é praticada, embora ainda não aperfeiçoada, por empresas que vão da IBM à Apple.

O primeiro passo rumo à *imovação* é construir em cima das plataformas comuns à imitação e à inovação. Como Nowell reconhece, as duas atividades não ficam tão separadas como pode parecer, e muitas habilidades e capacidades necessárias ao inovador eficaz também são exigidas dos imitadores eficazes.[21] Por exemplo, os inovadores e também os imitadores precisam adaptar e integrar os novos elementos aos sistemas existentes, classificar uma ampla gama de informações e dados e recombinar partículas e fragmentos relevantes de conhecimentos enquanto trabalham para decifrar problemas complexos. Ambas as atividades exigem rápida avaliação das novas informações, tanto do lado de fora quanto internamente, e ambas necessitam de uma abordagem que rejeite modelos ilusoriamente simples em favor da captação de uma realidade complexa e, às vezes, enganosa.

Os inovadores, assim como os imitadores, precisam analisar um quebra-cabeça multifacetado em partes reconhecíveis sem perder a visão de sua arquitetura combinável, e também precisam se envolver em profundas análises de causa e efeito dentro de um contexto de negócios relevante. Os inovadores, como os imitadores, precisam trabalhar com múltiplos modelos e variar, selecionar e classificar as opções mais promissoras, as variações e combinações entre elas, além de improvisar na medida em que experimentam um ambiente que se modifica rapidamente.

O fato de normalmente os imitadores lançarem uma rede de pesquisas mais ampla é uma vantagem importante sobre os inovadores e o mesmo é válido para a capacidade dos imitadores eficazes de identificar e analisar os movimentos feitos por empresas sem relação quase em tempo real. Os imitadores precisam monitorar e avaliar vastas quantidades de informações externas e, por isso, a capacidade de examinar, pesquisar e classificar dados relevantes é especialmente desenvolvida entre eles, como é a capacidade de colocar as coisas no contexto, um desafio parecido com o enfrentado pelos inovadores que procuram transformar suas invenções em inovações no negócios.

Em geral, os imitadores estão mais sintonizados com o problema da concordância, que também é importante para os inventores e os pioneiros. Estes últimos estão quase sempre tão encantados com suas novas criações que perdem a visão da natureza prática da iniciativa e do contexto no qual ela deve ser plantada. Como os imitadores não podem trabalhar no próprio ritmo, pois precisam apreender rapidamente e reagir prontamente aos novos desafios e oportunidades conforme surgem, eles, em especial os primeiros imitadores, tendem a desenvolver habilidades superiores de implementação, igualmente úteis para os inovadores, em uma época na qual a inovação pode brotar em qualquer lugar e a qualquer momento, e precisa desenvolver-se rapidamente em uma variedade de aplicações.

Ao mesmo tempo, os imitadores podem explorar a criatividade e a imaginação que são exigidas dos inovadores, e aplicar a "imitação inspirada" rumo à construção de armadilhas melhores ou mais baratas. Finalmente, os inovadores são melhores para erguer barreiras eficazes contra os aspirantes a imitadores, por mais que os imitadores sejam especialistas em descobrir jeitos de superar essas barreiras. A combinação dos dois conjuntos de habilidades vai produzir uma muralha de obstáculos mais eficaz contra os outros, e ao mesmo tempo contornar e neutralizar as defesas instaladas pelos concorrentes.

As dez regras da *imovação*

As dez regras da *imovação*

OS PRINCÍPIOS A SEGUIR resumem algumas das principais lições extraídas da breve jornada que você empreendeu neste livro, caminhando pela história, pelas ciências, pelas artes e, mais importante, pelo mundo dos negócios. Em conjunto, essas regras representam a sabedoria coletiva dos imitadores do passado e do presente, as regras que vão guiar você e sua empresa na era da imitação.

Nem todas essas regras serão relevantes e aplicáveis a uma empresa em particular em determinado momento, e você deve acrescentar as suas próprias regras, com base em suas próprias circunstâncias e seus desafios estratégicos. No entanto, essas regras podem servir como uma lista de verificação útil que destaca as vantagens da imitação, seu relacionamento com a inovação, suas formas e variedades, as capacidades essenciais e o repertório estratégico. Em conjunto, essas regras são para lembrá-lo de como criar a cultura da imitação, impulsionar a imitação como ferramenta estratégica e tornar-se um *imovador* bem-sucedido.

Não reinvente a roda

O MUNDO ESTÁ CHEIO de exemplos de pessoas e empresas que gastaram recursos e esforços incalculáveis para inventar algo que já existia ou tinha pouca ou nenhuma aplicação, deixando de lado algo que renderia além do investimento original. Lembre-se de que muitas invenções importantes só aconteceram uma ou duas vezes no passado e que a única maneira de os indivíduos, as sociedades e as empresas não ficarem para trás é imitar aquilo que foi inventado em outra parte.

Em outras palavras, já existem muitas rodas lá fora, e você não deve tentar inventá-las de novo, mas inventar uma versão melhor ou mais barata, deve combiná-las com outras tecnologias para criar algum modelo ou aparelho útil, ou colocá-las em novas e promissoras aplicações, como a turbina de vento. O seu desafio é substituir o antagonismo prevalente entre o "não inventado aqui" e o "descoberto com orgulho" ou, melhor ainda, adotar a abordagem de "encontrar e aplicar" que leva em conta circunstâncias potencialmente variáveis.

Coloque um burburinho na imitação

Como Nowell, da PepsiCo, resumiu sucintamente: "A inovação é um rumor, a imitação acontece".[22] O seu desafio é colocar a imitação no burburinho. Isso significa remover o estigma ligado à imitação e torná-la não apenas aceitável, mas também tão estimulante e na moda quanto a inovação.

Reconhecer e recompensar a imitação vai pavimentar o longo caminho rumo ao alcance dessa meta, mas para criar o burburinho real você precisa impulsionar a transformação cultural que só vai ocorrer com a orientação e o entusiasmo projetados de cima. Abordar a imitação de maneira estratégica, iniciada e supervisionada pelos mais altos escalões de sua organização, não apenas leva a melhores resultados como também gera um clima sustentador, em que as pessoas procuram ativamente oportunidades de imitação e trabalham para impulsioná-las e implementá-las em benefício da empresa.

Imite a concorrência

As capacidades de imitação permitem, na natureza, que os imitadores em desvantagem física sobrevivam e prosperem em ambientes hostis. As coisas não são muito diferentes na selva dos negócios, em que o grito de batalha "inovar ou morrer" sufoca a dádiva da imitação e mascara o sucesso dos imitadores em campos que vão da biologia às artes.

Antes de lamentar o fracasso das espécies mais avançadas em compreender a sofisticada natureza da imitação, tire vantagem da falta de consideração pela imitação e suas capacidades essenciais da parte dos seus concorrentes, para desenvolver os neurônios-espelho corporativos que estão por trás das habilidades de imitação. Implante estratégias de imitação eficazes e criativas para escapar da concorrência.

Nada de rodear os suspeitos habituais

Numa época inundada com *benchmarking* e melhores práticas, é fácil perder os sinais, às vezes óbvios, de oportunidades que exigem uma pesquisa global no lugar da pesquisa local. Procurar além de seu próprio território – inclusive em outras regiões do mundo – por empresas pequenas, desconhecidas e bem-sucedidas, assim como as que fracassaram, e aprender mais com os eventos remotos do que com os recentes, são práticas que vão ajudá-lo a expandir o seu estoque de modelos de comercialização e vão melhorar o resultado do seu aprendizado. Além dos inovadores, é especialmente importante a referência dos imitadores: lembre-se que para cada inovador existe um imitador (normalmente mais de um), e que ambos estão levando uma boa vida. Procurar por ambos é essencial se você quiser se tornar um *imovador* bem-sucedido.

Coloque as coisas no contexto

Somos todos prisioneiros do ambiente em que vivemos, criamos estratégias e operamos, então precisamos ser constantemente lembrados de que aquilo que se desenvolve em determinado ambiente pode não funcionar em outro. Ao mesmo tempo, é nossa responsabilidade explicar aos estranhos – fornecedores, banqueiros, investidores de risco ou outros clientes – o que pode separar o nosso ambiente do deles e o que pode implicar na relevância e na aplicabilidade de um modelo em particular. A imitação sem a implicação do contexto é parecida com o voo sem o mapa e sem as ferramentas de navegação: ao assumir uma boa visibilidade você vai ver a pista de pouso, mas pode ser tarde demais para fazer a aproximação, e o seu tanque de combustível pode esvaziar antes que você dê a volta em torno dela.

Combine as peças

Os SERES HUMANOS podem muito bem ser a espécie de raciocínio mais sofisticado, mas é constantemente seduzida em reduzir sua carga de informações ao simplificar demais questões de complexidade substancial. Fazer correlações, por exemplo, pode nos dar a ilusão da análise sistemática, mas não corresponde à explicação causal necessária à imitação verdadeira.

Para evitar a armadilha, faça a análise completa que trata do papel de cada componente individual, tanto no original quanto na cópia, enquanto permanece atento para a arquitetura combinável subjacente às relações do sistema. Só desse jeito, e lembrando o papel dinâmico do contexto, você será capaz de postular e depois resolver o problema da concordância. Isso vale até para o empréstimo de apenas um elemento, que é deixado em paz quando você imita um sistema de negócios abrangente.

Lembre que o *timing* não é tudo

O *TIMING* É UMA VARIÁVEL crítica da imitação, mas não é a única questão você precisa responder. *Onde*, *o que*, *quem*, e *como* são questões igualmente relevantes que precisam ser respondidas se a imitação for abordada de maneira estratégica. Assim como acontece com as capacidades da imitação, o fato de quase todos os seus concorrentes continuarem a lidar com a imitação do modo que Levitt chamou de "aleatório, acidental e reativo" coloca você em vantagem competitiva, desde que você abra o pacote. Comece reconhecendo que a imitação pode ser diferente, mesmo quando conta com elementos existentes, e depois prossiga para definir a exata estratégia de como criar um pacote exclusivo que não só vai resolver o problema da concordância, mas também produzir valor.

Crie uma armadilha mais valiosa

COMO QUASE SEMPRE demonizamos os replicadores por pegarem carona em nossos talentos e investimentos, nós tendemos a esquecer que a imitação carrega seus próprios custos e riscos. Para os imitadores não basta oferecer uma armadilha melhor ou mais barata; a questão também é se eles podem fazer isso de maneira eficiente em termos de custos, correndo um risco calculado. As capacidades de imitação podem reduzir significativamente os custos e os riscos, pois elas oferecem a infraestrutura para realizar a imitação mais eficiente e eficaz; mas, apesar das vantagens e desvantagens, essas capacidades não eliminam nem os custos e nem os riscos. A esse respeito, é importante avaliar as repercussões das várias estratégias de imitação; por exemplo, a replicação acelerada embutida na estratégia do primeiro imitador carrega custos consideráveis e aumenta o risco de errar as preferências do mercado alvo, que ainda continuam sendo formadas.

Jogue no ataque e na defesa

O SUCESSO NO JOGO da replicação requer tanto a imitação de modelos apropriados (às vezes você mesmo) quanto impedir com eficácia as tentativas das outras empresas de replicar as suas inovações ou imitações bem-sucedidas. A maioria das empresas coloca o foco em como deter a imitação, mas ao aprender como superar as defesas à imitação você se tornará não apenas um imitador melhor como também um defensor mais eficaz. Sim, isso soa como contratar um *hacker* para cuidar da segurança do sistema de informática, mas só acontece por causa da conotação negativa que a imitação carrega erroneamente. O fato é que em imitação, como em outras atividades de negócios, o ataque e a defesa são inseparáveis.

Inove, imite, *imove*

COMO VOCÊ VIU, muitos modelos de imitação importantes também eram imitações – que emprestaram e combinaram insumos de múltiplas fontes. Essas empresas foram imitadas por outras porque produziram resultados positivos visíveis, mas esses resultados quase sempre eram atribuídos a emprestar dos outros e então aplicar em um pacote distinto, eficaz em termos de custos e melhorado.

Demorou muito para esses *imovadores* fundirem a imitação com a inovação a fim de criarem vantagens competitivas, e por isso você não deve esperar resultados da noite para o dia. A mudança de que estamos falando é difícil e transformadora, mas dela você não conseguirá escapar: os dias de deixar de ignorar uma tecnologia crucial porque ela vai contra a cultura e os interesses da classe social predominante acabaram e não voltarão. Essa é a principal razão para começar já.

NOTAS

1 LUDLAM, T. Entrevista com o autor, 8 maio 2008.

2 GITTELL, J. H. *The Southwest Airlines way*. Nova York: McGraw-Hill, 2003.

3 CONNOR, C. Entrevista com o autor, 24 out. 2008.

4 RIVKIN, J. W. Imitation of complex strategies. *Management Science* 46, 6, 824-844, 2000; COHEN, W. M.; LEVINTHAL, D. A. Innovation and learning: the two faces of R&D. *Economic Journal* 99, 569-596, 1989; DIAMOND, J. *Guns, germs and steel*. Nova York: Norton, 2005 (1997); ZANDER, U.; KOGUT, B. Knowledge and the speed of transfer and imitation of organizational capabilities: an empirical test. *Organization Science* 6, 1, 1995.

5 WILKE, R.; ZAICHKOWSKY, L. Brand imitation and its effects on innovation, competition, and brand equity. *Business Horizons*, nov.-dez. 1999.

6 CLARK, R. Entrevista com o autor, 11 dez. 2008.

7 GITTELL, 2003; MILGROM, P.; ROBERTS, J. The economics of modern manufacturing: technology, strategy, and organization. *American Economic Review* 80, 511-528, 1990 (também citado em RIVKIN, J. W. Imitation of complex strategies. *Management Science* 46, 6, 824-844, 2000); UPTON, D. *McDonald's Corporation. Case 9- 603-041*. Boston: Harvard Business School, 16 jun. 2005.

8 CONNOR, C. Entrevista com o autor, 24 out. 2008.

9 CLARK, R. Entrevista com o autor, 11 dez. 2008.

10 O'BRIEN, J. Entrevista com o autor, 16 dez. 2008.

11 MCEVILY, S. K.; DAS, S.; McCABE, K. Avoiding competence substitution through knowledge sharing. *Academy of Management Review* 25, 2, 294-311, 2000; DIXIT, A. The role of investment in entrydeterrence. *Economic Journal* 90, 95-106, 1980; SCHMALNESEE, R. Entry deterrence in the ready-to-eat breakfast cereal industry. *Bell Journal of Economics* 9, 305-327, 1978; RIVKIN, J. W. Reproducing knowledge. *Organization Science* 12, 3, 274-293, 2001; BENNETT, J. VW to offer new minivan with a tuition incentive. *Wall Street Journal*, B5, 22 ago. 2008.

12 MUELLER, D. C. First-mover advantages and path dependence. *International Journal of Industrial Organization* 15, 827-850, 1997.

13 TEECE, D. Profiting from technological innovation: implications for integration, collaboration, licensing and public policy. *Research Policy* 15, 285-305, 1986; YOST, J. R. *The computer industry*. WESTPORT, CT: Greenwood Press, 2005; KIMES, M. The king of low cost generics. *Fortune*, 17 ago. 2009; COOLEY, T. F.; YORUKOGLU, M. Innovation and imitation in an information age. *Journal of the European Economic Association* 1, 3, 406-418, abr.-maio 2003.

14 CONNOR, C. Entrevista com o autor, 24 out. 2008.

15 SZYMANSKI, D. M.; KROFF, M. W.; TROY, L. Innovativeness and new product success: insights from the cumulative evidence. *Journal of the Academy of Marketing Sciences* 35, 35-52, 2007; KERIN, R. A.; VARADARAJAN, P. R.; PETERSON, R. A. First mover advantage: a synthesis, conceptual framework, and research propositions. *Journal of Marketing* 56, 33-52, 1992.

16 CLOYD, G. Entrevista com o autor, 4 fev. 2009.

17 NOWELL, L. Entrevista com o autor, 12 jan. 2009.

18 STEWART, T. A.; O'Brien, L. Execution without excuses. Entrevista com Michael Dell e Kevin Rollins. *Harvard Business Review*, mar. 2005.

19 CLOYD, G. Entrevista com o autor, 4 fev. 2009.

20 CONNOR, C. Entrevista com o autor, 24 out. 2008.

21 NOWELL, L. Entrevista com o autor, 12 jan. 2009.

22 NOWELL, L. Entrevista com o autor, 12 jan. 2009.